The Wizard of Oz

# 오즈의 마법사

# 오즈의 마법사

First edition : May 2010

TEL (02)2000-0515 ㅣ FAX (02)2271-0172

ISBN 978-89-17-23766-5

# YBM Reading Library 는 ...

쉬운 영어로 문학 작품을 즐기면서 영어 실력을 크게 향상시킬 수 있도록 개발된 독해력 완성 프로젝트입니다. 전 세계 어린이와 청소년들에게 재미와 감동을 주는 세계의 명작을 이제 영어로 읽으세요. 원작에 보다 가까이 다가가는 재미와 명작의 깊이를 느낄 수 있을 거예요.

350 단어에서 1800 단어까지 6단계로 나누어져 있어 초·중·고 어느 수준에서나 자신이 좋아하는 스토리를 골라 읽을 수 있고, 눈에 쉽게 들어오는 기본 문장을 바탕으로 활용도가 높고 세련된 영어 표현을 구사하기 때문에 쉽게 읽으면서 영어의 맛을 느낄 수 있습니다. 상세한 해설과 흥미로운 학습 정보, 퀴즈 등이 곳곳에 숨어 있어 학습 효과를 더욱 높일 수 있습니다.

이야기의 분위기를 멋지게 재현해 주는 삽화를 보면서 재미있는 이야기를 읽고, 전문 성우들의 박진감 있는 연기로 스토리를 반복해서 듣다 보면 리스닝 실력까지 크게 향상됩니다.

세계의 명작을 읽는 재미와 영어 실력 완성의 기쁨을 마음껏 맛보고 싶다면, YBM Reading Library와 함께 지금 출발하세요!

준비하고, 읽고, 다지는 3단계 리딩 전략

# YBM Reading Library

책을 읽기 전에 가볍게 워밍업을 한 다음, 재미있게 스토리를 읽고, 다 읽고 난 후 주요 구문과 리스닝까지 꼼꼼 다지는 3단계 리딩 전략! YBM Reading Library, 이렇게 활용하세요.

## Before the Story

**Words in the Story**

스토리에 들어가기 전, 주요 단어를 맛보며 이야기의 분위기를 느껴 보세요~

A man made of tin was standing beside a big tree.
He held an axe above his head.
"Did you groan?" asked Dorothy.
"Yes," answered the Tin Woodman sadly.
"May I help you?" asked Dorothy.
"There's an oilcan beside me," he said. "Please oil my joints. They rusted and I can't move."
Dorothy picked up the oilcan.
She oiled the Tin Woodman's neck and elbows and knees.
He sighed happily and lowered his axe.
"Thank you," he said. "Why are you in the forest?"
★ "We are going to see the Wizard of Oz," said Dorothy.
"I want to go home and the Scarecrow wants some brains."
"Could Oz give me a heart?" asked the Tin Woodman.
"I guess so. Come with us," answered Dorothy.

★★
- made of …로 만들어진
- tin 양철
- hold 잡다, 쥐다 (hold-held-held)
- axe 도끼
- woodman 나무꾼
- oilcan 기름통
- oil 기름을 치다; 기름, 윤활유
- joint 관절, 이음새
- rust 녹슬다
- elbow 팔꿈치
- knee 무릎
- sigh 한숨을 쉬다
- lower 내리다
- heart 마음, 심장

32 • The Wizard of Oz

## In the Story

**★ 스토리**

재미있는 스토리를 읽어요. 잘 모른다고 멈추지 마세요. 한 페이지, 또는 한 chapter를 끝까지 읽으면서 흐름을 파악하세요.

**★★ 단어 및 구문 설명**

어려운 단어나 문장을 마주쳤을 때, 그 뜻이 알고 싶다면 여기를 보세요. 나중에 꼭 외우는 것은 기본이죠.

**★★★ 돌발 퀴즈**

스토리를 잘 파악하고 있는지 궁금하면 돌발 퀴즈로 잠깐 확인해 보세요.

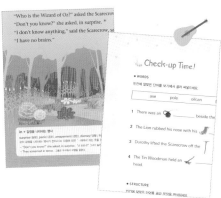

### Mini-Lesson
너무나 중요해서 그냥 지나칠 수 없는
알짜 구문은 별도로 깊이 있게 배워요.

### Check-up Time!
한 chapter를 다 읽은 후 어휘, 구문,
summary까지 확실하게 다져요.

### Focus on Background
작품 뒤에 숨겨져 있는 흥미로운 이야기를
읽으세요. 상식까지 풍부해집니다.

## After the Story

### Reading X-File 이야기 속에 등장했던
주요 구문을 재미있는 설명과 함께 다시 한번~

### Listening X-File 영어 발음과 리스닝 실력을 함께
다져 주는 중요한 발음법칙을 살펴봐요.

## MP3 Files
www.ybmbooksam.com에서 다운로드 하세요!

YBM Reading Library

이제 아름다운 이야기가 시작됩니다

# The Wizard of Oz

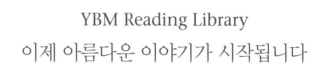

## _ Before the Story

## _ In the Story

### Chapter 1

### Chapter 2

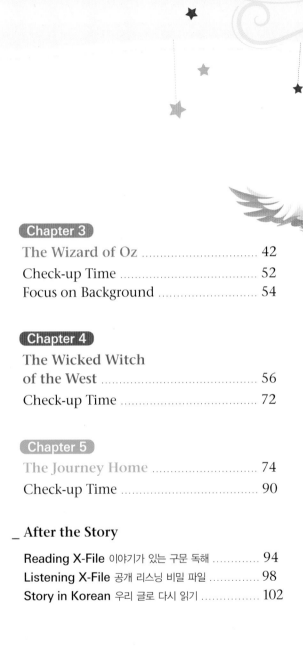

# Lyman Frank Baum
라이먼 프랭크 봄은 …        (1856~1919)

미국의 뉴욕 주 치튼앵고(Chittenango)에서 태어났다. 몸이 허약하고 공상을 즐기는 조용한 소년이었던 봄은 아버지에게 선물 받은 인쇄기에 매료되어 십 대에 이미 아마추어 신문을 두 종이나 출간할 정도로 왕성한 글쓰기 활동을 하였다.

그는 어른이 되어 신문 기자, 배우, 방문 판매원 등 다양한 직업을 거치는 등 현실에 적응하기 힘들어 했지만, 자신의 아들들에게 특유의 상상이 깃든 재미있는 이야기를 들려주곤 하였다. 1897년 그 이야기를 토대로 〈엄마 거위 이야기(Mother Goose in Prose)〉를 출간하면서 본격적으로 작가의 길로 들어서게 된 봄은 1900년에 평범한 소녀의 기상천외한 모험을 그린 〈오즈의 마법사〉가 폭발적인 사랑을 받으며 유명 작가의 반열에 오르게 되었다.

봄은 오즈의 마법사 이야기를 더 읽고 싶다는 어린 독자들의 요청에 따라 평생 14편의 시리즈를 출간하였다. 병원에서 마지막 권을 완성하며 숨을 거두었을 정도로 어린이를 사랑했던 그는 20세기를 대표하는 동화 작가로 손꼽히고 있다.

# The Wizard of Oz

오즈의 마법사는 …

평범한 소녀 도로시가 회오리바람에 휩쓸려 환상의 나라에 가게 되고 재미
있는 친구들을 만나 흥미진진한 모험을 하게 된다는 이야기이다.

헨리 아저씨, 엠 아주머니와 함께 미국 캔자스에 사는 도로시는 어느 날 집
과 함께 회오리바람에 날려 낯선 세상에 가게 되고 집으로 되돌아가는 방법
을 알아내기 위해 위대한 마법사 오즈가 사는 에메랄드 시로 향한다. 여행
길에서 뇌를 갖고 싶은 허수아비, 마음을 갖고 싶은 양철 나무꾼, 용기를 갖
고 싶은 사자를 만난 도로시는 이들과 함께 오즈를 찾아가지만 오즈는 먼저
나쁜 서쪽 마녀를 죽이라고 요구한다. 마녀를 물리치고 친구들과 함께 돌아
온 도로시는 오즈가 마법사가 아닌 평범한 사람이라는 것이 밝혀져 크게 실
망하지만 요술 은빛 구두 덕분에 집으로 돌아갈 수 있
게 된다.

전형적인 권선징악이나 영웅적인 주인공을 다루지
않았다는 점에서 획기적인 어린이 소설로 평가
받고 있는 〈오즈의 마법사〉는 출간과 동시에
많은 사랑을 받았으며, 백 년이 지난 오늘날
까지도 영화와 연극으로 만들어지는 등 변함
없는 사랑을 받고 있다.

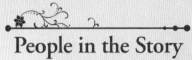

# People in the Story

오즈의 마법사에 등장하는 인물들을 살펴볼까요?

### Wizard of Oz

위대한 마법사 오즈.
시민들에게 대단한 마법사라는
추앙을 받으며 에메랄드 시를
다스리고 있지만 사실은 엄청난
비밀을 가지고 있다.

### Wicked Witch of the West

서쪽 나라를 다스리는 못된 마녀.
윙키 나라 사람들을 노예로 만들고
도로시와 친구들을 공격하지만 결국
도로시에 의해 최후를 맞는다.

### Scarecrow

지혜를 갖고 싶은 허수아비.
온몸이 짚으로 차 있어서 생각할
뇌가 없지만 늘 기발한 방법으로
친구들을 구해 낸다.

## Lion

용기를 갖고 싶은 사자.
겁이 많아서 진정한 동물의 왕이
되지 못하지만 위험이 닥쳤을 때는
앞장 서서 친구들을 보호한다.

## Tin Woodman

마음을 갖고 싶은 양철 나무꾼.
양철로 만들어져 마음이 없지만
작은 곤충만 밟아도 눈물을
흘리는 따뜻한 심성을
지니고 있다.

## Toto

작고 귀여운 도로시의 강아지.
도로시와 함께 환상의 나라에
오게 되는데 중요한 순간에
갑자기 사라져 도로시의 애를
태운다.

## Dorothy

캔자스에 사는 평범한 소녀.
회오리바람에 실려 환상의
나라에 오게 되고 재미있는
친구들을 만나 기상천외한
모험을 하게 된다.

# Words in the Story

오즈의 마법사에 나오는 단어들을 살펴봐요.

**cyclone**
대형 회오리바람

**covered with emeralds**
에메랄드로 뒤덮인

**whirl**
빙빙 돌다

**gatekeeper**
문지기

**woodman**
나무꾼

**axe**
도끼

**paw**
앞발

**oilcan**
기름통

**balloon**
기구

**rise**
솟아오르다

**basket**
기구의 객실

**pointed**
뾰족한

**point to**
…을 가리키다

**stick out**
밖으로 튀어나오다

**witch**
마녀

**gown**
가운

**wear**
입고 있다

**sprinkled with stars**
별이 흩뿌려진

**brick**
벽돌

**silver shoes**
은빛 구두

**follow**
따라가다

*a Beautiful Invitation*
– YBM Reading Library

# The Wizard of Oz

L. Frank Baum

# The Cyclone
회오리바람

Dorothy lived on a farm in Kansas with Uncle Henry
and Aunt Em.
캔자스는 미국 중부에 있는
주(state)로 넓은 평원이 많아요.

Her little dog, Toto, was Dorothy's only friend.

They played together all day long.

One day, Uncle Henry and Dorothy were outside,

when the sky darkened and the wind grew stronger. [1]

"There's a cyclone coming!" shouted Uncle Henry.
싸이클론은 '대형 회오리바람'이라는 뜻으로 tornado(토네이도)라고도 하죠.
Then he ran to look after the cows and horses.

"Quick! Get in the cellar!" screamed Aunt Em.

Dorothy picked up Toto and ran into the house.

But he jumped out of Dorothy's arms and hid under
a bed.

"Come here, Toto," cried Dorothy. She ran to get him.

There was a door in the floor of the house that led to

the cellar. Aunt Em opened the door and climbed

quickly down the ladder.

□ all day long 하루 종일
□ darken 어두워지다
□ look after …을 보살피다〔돌보다〕
□ Quick! 빨리!
□ get in …로 들어가다
□ cellar 지하실; 회오리바람 대피용 지하실
□ scream 소리치다, 비명을 지르다

□ pick up …을 들어 올리다
□ jump out of …에서 뛰쳐나오다
□ hide 숨다 (hide-hid-hid)
□ lead to …로 이어지다 (lead-led-led)
□ climb down …을 내려가다
□ quickly 빨리, 서둘러
□ ladder 사다리

1 **grow + 형용사의 비교급** 점점 더 …하다

The sky darkened and the wind grew stronger.
하늘이 어두워지고 바람이 점점 더 거세졌다.

Suddenly the storm wind hit.

The whole house shook and Dorothy fell to the floor. The house jerked sharply from side to side. Then it began to whirl slowly around and around. The cyclone lifted it into the air.

Dorothy shivered with terror. Toto ran about the room in panic. He barked and barked.

Then he fell through the open cellar door.

But soon she saw one of his ears sticking up through the door. The strong air was keeping him up so that he did not fall. ☀

Dorothy pulled him into the room and closed the door. The house continued to whirl through the sky. The hours passed and nothing terrible happened. She stopped worrying and decided to wait calmly. She and Toto lay down on the bed and went to sleep.

---

- □ hit (폭풍 등이 어떤 곳을) 덮치다
- □ shake 흔들리다
  (shake-shook-shaken)
- □ jerk 홱 움직이다, 덜컹거리다
- □ sharply 급격하게, 재빨리
- □ from side to side 좌우로, 옆으로
- □ whirl 빙빙 돌다
- □ around and around 빙글빙글
- □ shiver 떨다, 몸서리치다
- □ with terror 공포로, 무서워서
- □ run about …을 이리저리 뛰어다니다
- □ in panic 당황하여
- □ bark (개·여우 등이) 짖다
- □ stick up (위로) 뛰어나오다
- □ continue to + 동사원형/ ...ing
  계속해서 …하다
- □ stop ...ing …하기를 멈추다
- □ decide to + 동사원형 …하기로 결심하다
- □ calmly 침착하게, 차분히
- □ lie 눕다 (lie-lay-lain)

**so (that)절: 그래서 …가 〜하다**

- The strong air was keeping him up so that he did not fall.
  강한 공기가 토토를 계속 위로 받쳐서 토토가 떨어지지 않고 있었다.

Dorothy woke up as the house landed with a gentle
thump. She ran to the door and looked outside.
She saw a strange and beautiful countryside.
It was full of green fields, flowers and fruit trees.
It was very different from the dry Kansas prairie.
She went outside and looked around in amazement.

□ land (땅에) 닿다, 착륙하다
□ thump 쿵〔탁〕하는 소리
□ countryside 시골, 지방
□ be full of …로 가득하다
□ different from …와 다른
□ prairie 대초원, 목초지
□ look around 둘러보다

□ in amazement 놀라서
□ not ... anymore 더 이상 …이 아닌
□ wear 쓰고〔입고, 신고〕있다
  (wear-wore-worn)
□ pointed (끝이) 뾰족한
□ gown 가운, (여자용) 긴 웃옷
□ be sprinkled with …가 흩뿌려지다

"I don't think we're in Kansas anymore, Toto," she said.

She saw a group of strange people coming toward her.

There were three men and one old woman.

They all wore round pointed hats.

The men had blue hats and blue clothes, but the woman wore a white hat and a white gown.

The gown was sprinkled with little stars.

The woman walked up to Dorothy and made a low bow. 먼치킨은 〈오즈의 마법사〉에 등장하는 사람들의 이름인데요, 책이 인기를 얻자 '난쟁이'나 '작은 것'을 의미하는 단어로 쓰이게 되었어요.

"Welcome to the land of the Munchkins,"* she said in a sweet voice. "You have killed the Wicked Witch of the East and set us free."

"What do you mean?" asked Dorothy, confused. "I've never killed anyone."

"Your house did actually," said the old woman. "Look!" She pointed to the corner of the house.

Dorothy gave a little cry of fright.

Two feet were sticking out under the corner of the house. On the feet were silver shoes. ☀

As they watched, the feet of the dead witch disappeared. Nothing was left behind but the silver shoes. [1]

□ make a low bow 공손히 인사〔절〕하다
□ wicked 못된, 사악한
□ witch 마녀
□ east 동쪽
□ set ... free …을 자유의 몸이 되게 하다
□ mean 뜻하다, 의미하다
□ confused 혼란스러워 하는

□ actually 사실은, 실제로
□ point to …을 가리키다
□ give a cry of fright〔fear〕 놀라서〔무서워서〕 소리를 지르다 (give-gave-given)
□ foot 발 (복수형은 feet)
□ stick out 밖으로 튀어나오다
□ disappear 사라지다

1 **nothing is left behind but** … 이외에 아무것도 남지 않다
Nothing was left behind but the silver shoes.
은빛 구두 이외에 아무것도 남지 않았다.

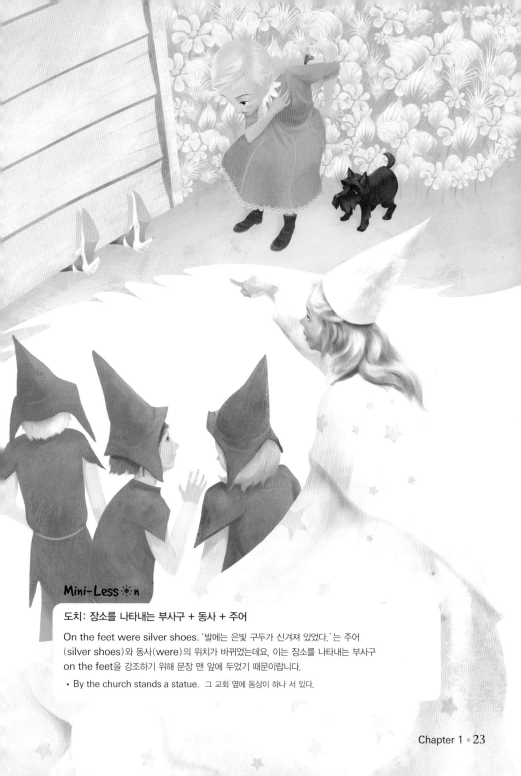

**Mini-Lesson**

### 도치: 장소를 나타내는 부사구 + 동사 + 주어

On the feet were silver shoes. '발에는 은빛 구두가 신겨져 있었다.' 는 주어
(silver shoes)와 동사(were)의 위치가 바뀌었는데요, 이는 장소를 나타내는 부사구
on the feet을 강조하기 위해 문장 맨 앞에 두었기 때문이랍니다.

• By the church stands a statue. 그 교회 옆에 동상이 하나 서 있다.

"Oh, dear!" cried Dorothy in dismay.

"But ... who are you?"

"I am the Good Witch of the North," said the woman. "The silver shoes are magic and now they are yours."

She gave Dorothy the shoes.

Dorothy took them.

"Thank you," she said. "Now, can you help me get [1] home to Kansas?"

"No, I can't," said the Good Witch. "Go to the Emerald City. Perhaps the Wizard of Oz will help you."

She kissed Dorothy gently on the forehead.

"My kiss will keep you safe," she said.

"How do I get to the Emerald City?" asked Dorothy.

"Just follow the yellow brick road," said the Witch. "Goodbye, my dear."

**❓ 착한 마녀가 도로시에게 준 것은?**
a. 요술 반지
b. 은빛 구두
c. 에메랄드

정답 b

- ☐ Oh, dear! 오, 맙소사!
- ☐ in dismay 당황하여, 깜짝 놀라
- ☐ north 북쪽
- ☐ magic 마법[마술]의
- ☐ take 받다 (take-took-taken)
- ☐ emerald (초록색 보석) 에메랄드(의)

- ☐ wizard 마법사, 요술쟁이
- ☐ forehead 이마
- ☐ safe 안전한
- ☐ get to …에 도착하다
- ☐ follow 따라가다
- ☐ brick 벽돌

---

1 **help + 목적어(A) + (to) + 동사원형(B)** A가 B하도록 도와주다
Now, can you help me get home to Kansas?
이제 제가 캔자스에 있는 집으로 돌아갈 수 있도록 도와주시겠어요?

 # Check-up Time!

## ● WORDS

빈칸에 알맞은 단어를 보기에서 골라 써넣으세요.

| jerked | darkened | decided | wore | set |
|--------|----------|---------|------|-----|

**1** Dorothy were outside, when the sky _____.

**2** The woman _____ a white hat and a white gown.

**3** Dorothy stopped worrying and _____ to wait calmly.

**4** The house _____ sharply from side to side.

**5** Dorothy _____ the Munchkins free.

## ● STRUCTURE

괄호 안의 두 단어 중 알맞은 단어를 골라 문장을 완성하세요.

**1** The wind grew ( strongly / stronger ).

**2** The Wizard can help you ( get / getting ) home.

**3** The air kept Toto up ( so / as ) that he did not fall.

**4** Nothing was left behind ( and / but ) the silver shoes.

## ● COMPREHENSION

이야기의 흐름에 맞게 순서를 정하세요.

a. The house landed with a thump.

b. Dorothy and Toto went to sleep.

c. The house shook and began to whirl.

d. A group of strange people came to Dorothy.

(　　) → (　　) → (　　) → (　　)

## ● SUMMARY

빈칸에 맞는 말을 골라 이야기를 완성하세요.

Dorothy lived on a farm in (　　). One day, a (　　) came and carried her to the land of the Munchkins. When the house landed, it (　　) the Wicked Witch of the East. So, the Good Witch of the North gave Dorothy the magic shoes. She (　　) Dorothy on the forehead to keep her safe.

a. cyclone　　b. Kansas

c. killed　　d. kissed

ANSWERS

Comprehension | c, b, a, d
Summary | b, a, c, d

# The Yellow Brick Road

노란색 벽돌 길

- ☐ fill A with B  A를 B로 채우다
- ☐ cupboard  찬장
- ☐ fit  (치수가) 꼭 맞다 ; …에게 꼭 맞다
- ☐ perfectly  완전히, 완벽하게
- ☐ come along  (명령형으로) 자 가자, 서둘러

- ☐ wink at  …에게 윙크하다
- ☐ reply  대답하다 (reply-replied-replied)
- ☐ politely  공손히, 예의 바르게
- ☐ be bored  지루하다, 심심하다
- ☐ be stuck  꼼짝도 못하다
- ☐ pole  장대, 막대기

Dorothy filled a little basket with bread from the
cupboard. Then she put on the silver shoes. ☀
They fitted perfectly.

"Come along, Toto," she said.

And they started along the yellow brick road.

As Dorothy passed a field, a scarecrow winked at her.

"How do you do?" said the Scarecrow. ★ '허수아비'를 뜻하는 scarecrow는
검주다(scare)와 까마귀(crow)라는
두 단어가 합쳐져 생겨난 단어예요.

Dorothy was surprised to hear the Scarecrow speak.

"Umm, I'm well," replied Dorothy politely. "How do
you do?"

"I'm bored," said the Scarecrow. "It's no fun being [1]
stuck on this pole."

"Can't you get down?" asked Dorothy.

"No," said the Scarecrow. "But, perhaps if you help
me ..."

---

1 **It's no fun ...ing** ···하는 것은 아무 재미가 없다
It's no fun being stuck on this pole.
이 장대에 매달려 있는 것은 아무 재미가 없다.

Mini-Less☀n

See p.94

**put on과 wear의 차이는?**

put on은 '···을 신다 (쓰다, 입다)'라는 뜻으로 동작에 중점을 둔 표현이고, wear은
'···을 신고 (쓰고, 입고) 있다'라는 뜻으로 상태에 중점을 둔 표현이랍니다.

• Then she put on the silver shoes. 그런 다음 그녀는 은빛 구두를 신었다.
• The woman wore a white hat. 그 여인은 하얀 모자를 쓰고 있었다.

Dorothy reached up and lifted the Scarecrow off the pole.

"Thank you," he said. "Who are you and where are you going?"

"I'm Dorothy," she said. "I'm going to the Emerald City. I want to ask the Wizard of Oz to send me home."

"Who is the Wizard of Oz?" asked the Scarecrow.

"Don't you know?" she asked, in surprise. ☀

"I don't know anything," said the Scarecrow, sadly. "I have no brains."

Mini-Less☀n

**in + 감정을 나타내는 명사**

surprise(놀람), panic(공포), amazement(경탄), dismay(당황), fright(공포)와
같이 감정을 나타내는 명사가 전치사 in 다음에 오면 '…하여서'라는 뜻을 갖는답니다.

• "Don't you know?" she asked, in surprise. 넌 모르니? 그녀가 놀라서 물었다.
• They screamed in terror. 그들은 무서워서 비명을 질렀다.

"Oh," said Dorothy, "that's too bad."
"If I go to the Emerald City with you," said the
Scarecrow, "would Oz give me some brains?"
"Come with me and ask him," said Dorothy.
They started walking together toward the Emerald
City. Soon they came to a great forest.
Then Dorothy heard a groan.
She and the Scarecrow stopped in surprise.

reach up 팔을 위로 뻗다
lift A off B A를 B에서 들어 올리다
sadly 슬프게
brain (주로 복수) 뇌, 지능

too bad 참 안된, 유감인
start ...ing …하기를 시작하다
forest 숲, 삼림
groan 신음 소리; 신음 소리를 내다

A man made of tin was standing beside a big tree.

He held an axe above his head.

"Did you groan?" asked Dorothy.

"Yes," answered the Tin Woodman sadly.

"May I help you?" asked Dorothy.

"There's an oilcan beside me," he said. "Please oil my joints. They rusted and I can't move."

Dorothy picked up the oilcan.

She oiled the Tin Woodman's neck and elbows and knees.

He sighed happily and lowered his axe.

"Thank you," he said. "Why are you in the forest?"

"We are going to see the Wizard of Oz," said Dorothy. "I want to go home and the Scarecrow wants some brains."

"Could Oz give me a heart?" asked the Tin Woodman.

"I guess so. Come with us," answered Dorothy.

---

☐ made of …로 만들어진
☐ tin 양철
☐ hold 잡다, 쥐다 (hold-held-held)
☐ axe 도끼
☐ woodman 나무꾼
☐ oilcan 기름통
☐ oil 기름을 치다; 기름, 윤활유

☐ joint 관절, 이음새
☐ rust 녹슬다
☐ elbow 팔꿈치
☐ knee 무릎
☐ sigh 한숨을 쉬다
☐ lower 내리다
☐ heart 마음, 심장

? 나무꾼이 갖고 싶어 하는 것은?

a. oilcan
b. axe
c. heart

ㅇ 응답

The forest was very thick in some places.

So the Tin Woodman chopped the trees to make

a passage.

Suddenly, a great Lion bounded into the road.

Little Toto barked and ran toward the Lion.

The Lion opened his mouth to bite Toto. Dorothy

ran forward and slapped the Lion on the nose.

"Don't bite Toto!" she cried.

"I didn't," said the Lion.

He rubbed his nose with his paw.

"You tried to," said Dorothy. "How could a big beast

like you bite a poor little dog? You're a coward!"

"I know it," said the Lion. "I was born this way."

He wiped a tear from his eye with the tip of

his tail.

"Come with us," said the Scarecrow. "We are

going to see the Great Oz. Why not ask him

to give you courage?" [1]

"I will. Thank you," said the Lion.

- □ thick 빽빽한, 울창한
- □ chop (도끼 따위로) 자르다, 베다
- □ passage 길, 통로
- □ bound into …로 뛰어들어 오다
- □ bite 물다
- □ slap (손바닥으로) 철썩 때리다
- □ rub 문지르다

- □ paw (발톱이 있는 동물의) 발
- □ coward 겁쟁이
- □ be born 태어나다
- □ this way 이렇게, 이런 식으로
- □ wipe A from B A를 B에서 닦아 내다
- □ tip 끝, 끝 부분
- □ courage 용기

1 **Why not ...?** …하는 게 어때?
Why not ask him to give you courage?
너에게 용기를 달라고 그에게 부탁하는 게 어때?

Dorothy and her friends continued walking, and
then the Tin Woodman stepped on a beetle.
This made him very unhappy.
Tears ran down his face.
It began to rust, so Dorothy put some oil on it.
Soon they came to a great ditch that crossed the
road. It was broad and deep.
"The Tin Woodman can chop down a tree," said the
Scarecrow. "It will fall to the other side and we can
walk across."
The Tin Woodman chopped down a big tree.
Finally, it fell across the ditch.
Dorothy picked up Toto and stepped onto the tree
trunk.

□ step on …을 밟다
□ beetle 딱정벌레
□ run down …을 타고 흘러내리다
□ ditch 수로, 도랑
□ cross 가로지르다; 건너다
□ broad 넓은
□ chop down …을 베어 넘어뜨리다

□ the other side 건너편
□ walk across 건너다, 가로질러 걷다
□ finally 마침내, 결국
□ step onto …에 발을 내딛다
□ trunk (나무) 몸통, 줄기
□ loud 시끄러운, 큰 목소리의
□ growl 으르렁거리는 소리

1 **have A like B** A는 B를 닮다
**The beasts had bodies like bears and heads like tigers.**
그 짐승들은 몸은 곰을 닮았고, 머리는 호랑이를 닮았다.

But suddenly, they heard a loud growl!
Two huge beasts were running toward them.
The beasts had bodies like bears and heads like [1]
tigers.

"Kalidahs!" said the Lion. "They will
tear us to pieces."
"Quick!" cried the Scarecrow. "Let's go."
Dorothy walked quickly across the tree trunk.
The Tin Woodman followed, and then the
Scarecrow. The Lion crossed over the tree
last, and turned to see what the beasts
would do next.
The Kalidahs began to cross the tree.
The Lion roared loudly.
But the Kalidahs did not stop.

- tear ... to pieces ⋯을 갈기갈기 찢다
- last 맨 끝에, 마지막으로
- turn 돌아서다, 몸을 돌리다
- roar 으르렁거리다
- fight ⋯와 싸우다; 싸움, 투쟁
- alive 살아 있는
- chop A off B A를 B에서 잘라 내다
- chop at ⋯에 대고 찍다
- with a crash 우지끈하는 소리를 내며
- go on one's way 가던 길을 계속 가다
- be clear of ⋯을 벗어나다

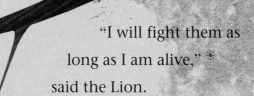

"I will fight them as
long as I am alive," ❋
said the Lion.
"Wait!" called the Scarecrow.
"Tin Woodman, chop this end off
the tree! Quickly!"
The Tin Woodman began to chop
and chop at the tree.
Suddenly, it fell with a crash into
the ditch. The Kalidahs fell with it.
Dorothy and her friends went
quickly on their way.
Soon they were clear of the forest.

Mini-Less❂n

See p. 95

**as long as + 절**: ⋯하는 한, ⋯하기만 하면
- I will fight them as long as I am alive.  내가 살아 있는 한 저들과 싸우겠어.
- You can stay in my room as long as you keep quiet.
  네가 조용히 하기만 하면 내 방에 있어도 된다.

# Check-up Time!

● **WORDS**

빈칸에 알맞은 단어를 보기에서 골라 써넣으세요.

| axe | pole | oilcan | paw |
|-----|------|--------|-----|

**1** There was an _____ beside the Tin Woodman.

**2** The Lion rubbed his nose with his _____.

**3** Dorothy lifted the Scarecrow off the _____.

**4** The Tin Woodman held an _____ above his head.


● **STRUCTURE**

빈칸에 알맞은 단어를 골라 문장을 완성하세요.

**1** The Scarecrow stopped _____ surprise.
   a. at         b. in         c. of

**2** The beasts had bodies _____ bears.
   a. like        b. for        c. in

본문의 내용과 일치하면 T, 일치하지 않으면 F에 표시하세요.

**1** The Tin Woodman chopped down a big tree.　　T　F

**2** The Scarecrow slapped the Lion on the nose.　　T　F

**3** Dorothy winked at the Scarecrow when she passed a field.　　T　F

**4** The Kalidahs fell with the tree into the deep ditch.　　T　F

● SUMMARY

빈칸에 맞는 말을 골라 이야기를 완성하세요.

Dorothy and Toto met the (　　), the Tin Woodman, and the Lion on their way to the Emerald City. They all wanted to meet the Great Wizard, (　　), so they went together. When they came to a (　　), the Tin Woodman helped his friends cross it and the (　　) tried to fight the beasts for his friends.

a. Scarecrow　　　b. Oz

c. Lion　　　　　　d. ditch

ANSWERS

# The Wizard of Oz

오즈의 마법사

After a while, Dorothy and her friends came to a
field of bright red poppies. 양귀비에는 정신을 몽롱하게 하거나
잠에 빠져들게 하는 최면 성분이 있어요.
"Aren't they beautiful?" said Dorothy. "And they ...
smell so ... good ..."
She sank down to the ground and fell fast asleep.
Toto fell asleep beside her.

☐ poppy 양귀비
☐ sink down to …로 맥없이〔풀썩〕
   주저앉다 (sink-sank-sunk)
☐ fall fast asleep 깊이 잠들다
   (fall-fell-fallen)
☐ get out of …에서 벗어나다
☐ yawn 하품하다

☐ hurt 해치다, 다치게 하다
☐ run off (급히) 가다, 도망치다
   (run-ran-run)
☐ on and on 계속하여, 쉬지 않고
☐ lay 눕히다 (lay-laid-laid)
☐ drag ... out …을 끌어내다

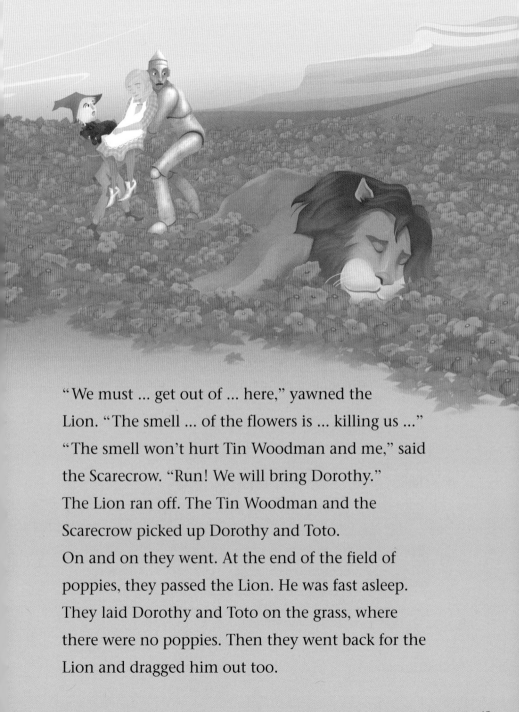

"We must ... get out of ... here," yawned the
Lion. "The smell ... of the flowers is ... killing us ..."
"The smell won't hurt Tin Woodman and me," said
the Scarecrow. "Run! We will bring Dorothy."
The Lion ran off. The Tin Woodman and the
Scarecrow picked up Dorothy and Toto.
On and on they went. At the end of the field of
poppies, they passed the Lion. He was fast asleep.
They laid Dorothy and Toto on the grass, where
there were no poppies. Then they went back for the
Lion and dragged him out too.

After a while, Dorothy, Toto, and the Lion woke up.
Dorothy and her friends continued walking along the
yellow brick road. Soon they saw a green glow in the sky.
"That must be the Emerald City," said Dorothy.
Soon they came to a big gate covered with emeralds.
Dorothy rang the bell and the gate slowly opened.
A gatekeeper dressed in green clothes stood before them.
"What do you want?" he asked politely.
"We came to see the Wizard of Oz," said Dorothy.
"Very well," said the gatekeeper. "But first you must
put on these green glasses."
"Why?" asked Dorothy.
"Because the Emerald City shines so brightly that
without glasses, you would go blind," he said. ☀
They all put on glasses. Then the gatekeeper took them
to the palace.

☐ glow 타오르는 듯한 빛
☐ covered with …로 뒤덮인
☐ ring the bell 벨을 울리다 (ring-rang-rung)
☐ gatekeeper 문지기
☐ dressed in …을 입은
☐ go blind 눈이 멀다, 실명하다

Mini-Less☀n

가정법 문장의 without

'…가 없다면'이라는 뜻의 without에는 조건의 의미가 들어가 있어요. 그래서 without은
과거형 조동사와 함께 '…가 없다면, ~할 것이다'라는 뜻의 가정법 과거 문장을 만들어낸답니다.

• Without glasses, you would go blind. 안경이 없다면 당신은 눈이 멀 거예요.

□ soldier 병사, 군인
□ tie A around B A를 B에 매다, 묶다
□ in the middle of …의 가운데에
□ throne 왕좌

□ enormous 거대한
□ thoughtfully 생각에 잠겨
□ nervously 초조하게
□ west 서쪽

A green soldier gave Dorothy a green dress to wear.

And he tied a green ribbon around Toto's neck.

After a while, he showed Dorothy into a large room. [1]

In the middle of the room was a big throne.

On it was an enormous head, without a body or arms or legs.

"I am Oz," said the head. "What do you want?"

"I want to go home," said Dorothy.

The eyes of the head looked at her thoughtfully for a short while.

"Where did you get those silver shoes?" said the head.

"From the Wicked Witch of the East," said Dorothy.

"My house fell on her."

"If you want to go home," said the head, "you must do something for me."

"What is it?" said Dorothy nervously.

"Kill the Wicked Witch of the West!" said Oz.

"No! I can't!" cried Dorothy.

"The silver shoes will help you kill the Witch," said Oz. "Go now!"

---

1 **show + 목적어(A) + into + 장소(B)** A를 B 안으로 안내하다
   After a while, he showed Dorothy into a large room.
   잠시 후, 그는 도로시를 넓은 방 안으로 안내했다.

Next, the Scarecrow went to see Oz.

A beautiful lady with green wings sat on the throne.

"I am Oz," she said kindly. "What do you want?"

"Please give me a brain so I may become a wise man," said the Scarecrow.

"Very well. But first you must kill the Wicked Witch of the West," said Oz.

Then it was the Tin Woodman's turn to see Oz.

A terrible beast sat on the throne.

It had five eyes and five arms and five legs.

"I am Oz," roared the beast. "What do you want?"

"Please give me a heart so I may love," said the Tin Woodman.

"First you must help Dorothy to kill the Wicked Witch," said the beast.

**❓** Oz told the Scarecrow to kill the Wicked Witch of the _____.

a. East　　　b. North　　　c. West

- □ beautiful 아름다운
- □ lady 여인, 숙녀
- □ wing 날개
- □ may …할 수 있다
- □ wise 현명한, 지혜로운
- □ Very well. 그래〔좋아, 됐어〕.
- □ turn to + 동사원형 …할 차례

When the Lion entered, a ball of fire was before the throne. The Lion trembled with fear.

"I am Oz," said the ball of fire. "What do you want?"

The Lion whispered, "Please give me c-c-courage so I may truly be the King of Beasts."

"Bring me proof that the Wicked Witch of the West is dead," said the ball of fire. "Then I will help you."

The Lion went back to his friends.

"What should we do?" said Dorothy.

"We can't destroy a witch," said the Scarecrow.

"But we can try," said the Lion.

They walked to the gate.

The green gatekeeper took their glasses.

"Where will we find the Wicked Witch of the West?" asked Dorothy.

"Go west to the land of the Winkies," he said. "And she'll find you."

They said goodbye and turned west.

---

☐ enter 들어가다
☐ a ball of fire 불덩어리
☐ tremble (몸을) 떨다
☐ with fear 겁이 나서, 무서워서
☐ whisper 작은 목소리로 말하다
☐ truly 진정으로, 정말로

☐ proof that 절 …라는 증거
☐ destroy 죽이다, 파괴하다
☐ find 찾다 (find-found-found)
☐ say goodbye 작별 인사를 하다
☐ turn west 서쪽으로 향하다

 # Check-up Time!

● **WORDS**

빈칸에 알맞은 단어를 보기에서 골라 써넣으세요.

| trembled | rang | dressed | tied |
|----------|------|---------|------|

**1** The Lion _____ with fear before the throne.

**2** A gatekeeper _____ in green clothes stood there.

**3** They _____ the bell and the gate slowly opened.

**4** A soldier _____ a green ribbon around Toto's neck.

● **STRUCTURE**

빈칸에 알맞은 단어를 골라 문장을 완성하세요.

**1** The gatekeeper showed Dorothy _____ a large room.

    a. at      b. into      c. for

**2** _____ glasses, you would go blind.

    a. Without      b. Behind      c. Under

다음은 누가 한 말일까요? 기호를 써넣으세요.

a.

Scarecrow

b.

Lion

c.

Tin Woodman

**1** "Give me a heart so I may love." _____

**2** "Give me a brain so I may become a wise man." _____

**3** "Give me courage so I may truly be the King of Beasts." _____

● SUMMARY

빈칸에 맞는 말을 골라 이야기를 완성하세요.

> Dorothy, Toto, and the Lion fell asleep in a field of red (    ). The Tin Woodman and the (    ) took Dorothy and Toto out, and then dragged the Lion out, too. Dorothy and her friends reached the (    ) and met Oz. But Oz asked them to destroy the Wicked Witch of the (    ). So, they went to find the Witch.

a. Emerald City      b. Scarecrow

c. West      d. poppies

기구에 대해 알아봅시다! # Balloons!

# Balloons!

In *The Wizard of Oz*, Oz was just an ordinary man. But everyone believed he was a wizard because he had come from the sky in a balloon. For many centuries, humans had dreamed of flying. This dream finally came true thanks to the invention of the hot-air balloon. The first balloon was built by the Montgolfier brothers in France. They flew it for the first time on Jun 4, 1783, without any passengers. They filled the inside of the paper-envelope with hot air. Heating the air inside the envelope makes it lighter than the air outside. This is what makes the balloon float. Later that year, on November 21, Jean-François Pilâtre de Roziére and François Laurent d'Arlandes became the first people to fly in a Montgolfier balloon. A record for the longest flight in a hot-air balloon was set by the *Virgin Pacific Flyer* balloon on January 15,

1991. It flew 7,671.91 km from Japan to Northern Canada. Recently, balloons of all kinds and shapes have been used for a variety of things, from advertising to the study of the weather.

〈오즈의 마법사〉에서 오즈는 그냥 평범한 사람이었어요. 하지만 기구를 타고 하늘에서 날아왔기 때문에 모든 사람들이 그가 마법사라고 믿었지요. 수세기 동안 인간은 하늘을 나는 것을 꿈꾸어 왔어요. 이 꿈은 마침내 열기구의 발명 덕분에 실현되었답니다. 최초의 기구는 프랑스의 몽골피에 형제가 만들었어요. 1783년 6월 4일에 사람을 태우지 않고 처음으로 기구를 띄웠지요. 그들은 종이로 만든 주머니 안을 뜨거운 공기로 채웠어요. 주머니 안의 공기는 데워지면 주머니 밖의 공기보다 더 가벼워지거든요. 이렇게 해서 기구가 뜨는 것이랍니다. 같은 해 11월 21일에 장 프랑수아 필라트르 드 로지에르와 프랑수아 로랑 다를랑드가 몽골피에 기구를 타고 비행을 한 첫 번째 사람들이 되었어요. 열기구로 가장 멀리 비행을 한 기록은 버진 퍼시픽 플라이어 기구에 의해 세워졌어요. 1991년 1월 15일에 일본에서 캐나다 북부까지 무려 7,671.91km를 날아갔답니다. 최근에는 온갖 종류와 형태의 기구들이 광고에서부터 기상 연구에 이르기까지 다양한 분야에 사용되고 있어요.

# The Wicked Witch of the West

못된 서쪽 마녀

The Wicked Witch of the West had only one eye.

But it could see very far.

She saw Dorothy and her friends arrive in her land.

"Strangers in my land?" she cried angrily. "I'll get rid of them!"

She blew on a silver whistle.

Forty great wolves came running to her.

"Go and tear the strangers to pieces," said the Witch.

The wolves turned and ran toward Dorothy and her friends. The Tin Woodman heard the wolves coming. "This is my fight," said the Tin Woodman to his friends. "Stay behind me!"

He swung his sharp axe and chopped off the first wolf's head. The Tin Woodman swung his axe forty times. At last, all the wolves lay dead.

- □ stranger 낯선 사람
- □ get rid of ···을 없애다
- □ blow (on) ···을 입으로 불다
  (blow-blew-blown)
- □ whistle 호루라기; 휘파람
- □ wolf 늑대 (복수형은 wolves)
- □ swing 휘두르다 (swing-swung-swung)
- □ 숫자 + time(s) ···번 (회)
- □ at last 마침내, 끝내
- □ lie dead 죽어 널브러지다

The Wicked Witch saw all her wolves lying dead.

This made her angrier than before, so she blew her whistle twice.

Forty wild crows came flying toward her.

"Peck the strangers to pieces!" she cried.

This time, the Scarecrow saw the crows coming.

"This is my fight," said the Scarecrow to his friends.

"Lie down beside me and you will be safe." [1]

They all lay on the ground except the Scarecrow.

He stood up and stretched out his arms.

The king crow flew at the Scarecrow.

He caught the crow by the head. ☀

He snapped the crow's neck and it died.

Forty times the Scarecrow snapped a neck.

At last, all the crows were dead.

Then the Scarecrow and his friends continued their journey.

---

□ twice 두 번
□ fly 날다 (fly-flew-flown)
□ peck ... to pieces …을 갈기갈기 쪼다
□ safe 안전한, 무사한

□ except …을 제외하고〔빼고〕
□ stretch out …을 뻗다
□ snap 부러뜨리다, 꺾다
□ journey 여행

---

1 **명령형＋and** …하라, 그러면
Lie down beside me and you will be safe.
내 옆에 엎드려라, 그러면 너희들은 안전할 것이다.

See p.96

## Mini-Less☼n

**catch + 목적어(A) + 전치사 + the + 신체 부위(B): A의 B를 잡다**

- He caught the crow by the head. 허수아비는 까마귀의 머리를 잡았다.
- I caught him by the shoulder. 나는 그의 어깨를 잡았다.

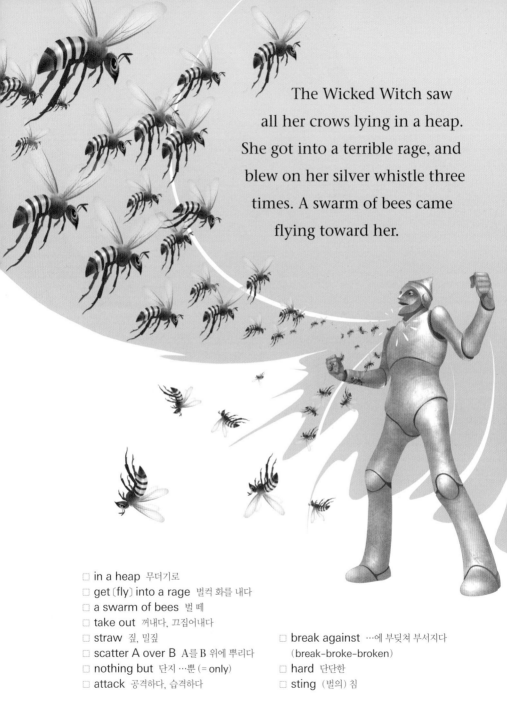

The Wicked Witch saw
all her crows lying in a heap.
She got into a terrible rage, and
blew on her silver whistle three
times. A swarm of bees came
flying toward her.

□ in a heap 무더기로
□ get〔fly〕into a rage 벌컥 화를 내다
□ a swarm of bees 벌 떼
□ take out 꺼내다, 끄집어내다
□ straw 짚, 밀짚
□ scatter A over B A를 B 위에 뿌리다
□ nothing but 단지 …뿐 (= only)
□ attack 공격하다, 습격하다

□ break against …에 부딪쳐 부서지다
　(break-broke-broken)
□ hard 단단한
□ sting (벌의) 침

"Sting the strangers to death!" screamed the Witch. [1]
The Scarecrow and the Tin Woodman saw the bees coming.

"Tin Woodman!" said the Scarecrow. "Take out my straw and scatter it over Dorothy, Toto and the Lion. The straw will hide them from the bees." [2]

When the bees came, they had nothing but the Tin Woodman to attack.

But their stings broke against his hard body.

Bees cannot live without stings, so they all died.

Then Dorothy and the Tin Woodman put the straw back into the Scarecrow. And they continued their journey.

1 **sting ... to death**  …을 쏘아 죽이다
  Sting the strangers to death!  저 낯선 자들을 쏘아 죽여라!

2 **hide A from B**  A를 B로부터 숨기다
  The straw will hide them from the bees.  짚이 그들을 벌들로부터 숨겨 줄 거야.

The Wicked Witch screamed with anger when she saw
the dead bees. She picked up a magic golden cap.
Its owner could call the Winged Monkeys three times.
The Witch had already used it twice.
The first time was when she made the Winkies her slaves.
The second time was when she fought against the
Great Oz. She called the Winged Monkeys one last time.
"Go and destroy all the strangers except the Lion,"
she cried. "Bring him to me for a slave."

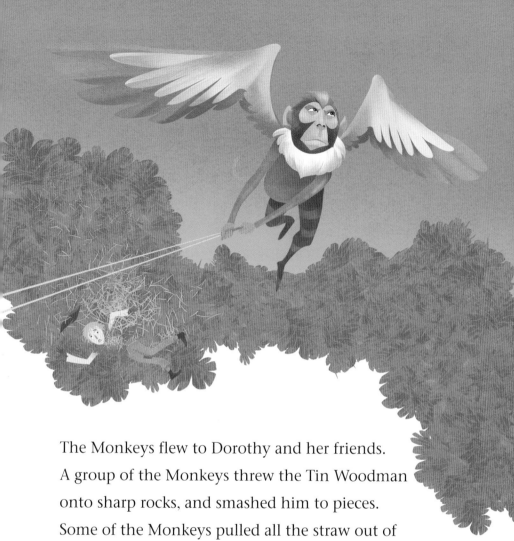

The Monkeys flew to Dorothy and her friends.
A group of the Monkeys threw the Tin Woodman
onto sharp rocks, and smashed him to pieces.
Some of the Monkeys pulled all the straw out of
the Scarecrow. Some other Monkeys tied up the Lion
to carry him to the Witch's castle.

□ with anger  화가 나서
□ golden  황금빛의
□ owner  주인
□ winged  날개 달린
□ one last time  마지막으로 한 번
□ slave  노예
□ throw  던지다 (throw-threw-thrown)
□ smash ... to pieces  …을 조각조각 부서뜨리다
□ tie up  …을 단단히 묶다
□ castle  성, 큰 저택

Dorothy held Toto and watched as the Monkeys attacked her friends.

She couldn't move. Her eyes filled with tears.

She thought it would soon be her turn.

But the Monkeys saw the mark of the Good Witch's kiss on Dorothy's forehead, and could not hurt her.

They gently lifted Dorothy and Toto and carried them to the Wicked Witch's castle.

The Wicked Witch saw the silver shoes on Dorothy's feet. She knew that they had a powerful magic.

She took Dorothy to the kitchen.

"Clean the pots and sweep the floor," she cried.

Dorothy set to work.

The Witch went to see the Lion and he roared at her.

"Well," said the Witch, "I won't feed you until you calm down."

"I'm not afraid of you," said the Lion. "Stay away from me or I will bite you." ☀

---

☐ fill with ···로 가득차다
☐ mark 자국, 흔적
☐ pot 항아리, 단지
☐ sweep 쓸다, 청소하다

☐ set to work 일을 시작하다
☐ feed ···에게 먹을 것을 주다
☐ calm down 진정하다
☐ stay away from ···에서 떨어져 있다

## Mini-Less☀n

**명령형＋or : …하라, 그러지 않으면**

- Stay away from me or I will bite you.
  나한테서 떨어져 있어, 그러지 않으면 너를 물어 버릴 테다.
- Hurry up or you will be late.  서둘러라, 그러지 않으면 너는 늦을 것이다.

The Wicked Witch had lost most of her power.

Her bees and her crows and her wolves were all dead,

and she had used up all the power of the golden cap.

So now, she wanted the silver shoes.

"I must steal the shoes. But how will I do it?" said

the Witch.

Finally she thought of a trick. She placed an invisible

iron bar in the middle of the kitchen floor.

Dorothy stumbled over the bar and one of the silver

shoes came off. The Witch picked it up and put it on

her own foot.

"Give me back my shoe!" said Dorothy.

"No!" said the Witch.

"You're wicked!" cried Dorothy.

□ lose 잃다 (lose-lost-lost)
□ use up …을 다 써 버리다
□ steal 훔치다
□ trick 묘책, 속임수; 속이다
□ place 놓다, 두다
□ invisible 눈에 보이지 않는
□ iron bar 쇠막대
□ stumble over …에 걸려 넘어지다
□ come off 벗겨지다, 빠지다
□ a bucket of water 물 한 양동이
□ shrink 오그라들다
□ melt 녹다; 녹이다

She was so angry that she threw a bucket of water over the Witch.

The Witch gave a cry of fear, and began to shrink.

"See what you've done!" she screamed. "I'm melting!"

"I'm very sorry," said Dorothy.

"Didn't you know water would destroy me?" cried the Witch.

"Of course not," answered Dorothy. "How could I?"

Soon, all that was left of the Witch was a brown [1]
puddle and one silver shoe.
Dorothy quickly put on her silver shoe
and ran to free the Lion.
They called all the Winkies
together. Every Winkie was
dressed in yellow.
"You are free now," said Dorothy.
"Now, please help us rescue
our friends."
"Of course," cried the
happy Winkies. "Let's go!"
They soon found the Tin
Woodman. He was battered and bent.
They found the Scarecrow's poor empty body too.

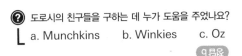

**❓** 도로시의 친구들을 구하는 데 누가 도움을 주었나요?
L a. Munchkins　　b. Winkies　　c. Oz

〔요믑q〕

□ puddle 물웅덩이
□ free 자유롭게 하다; 자유로운
□ rescue 구조하다, 구하다
□ battered 찌그러진, 망가진
□ bent 구부러진

□ tool 연장, 도구
□ stuff A with B A를 B로 채워 넣다
□ feel better 기분이 나아지다
　(feel-felt-felt)
□ than ever 그 어느 때보다

The Winkies carried them back to the castle.

They set to work with their tools and soon the Tin

Woodman was as good as new. [2]

They stuffed the Scarecrow with fresh straw.

He felt better than ever.

---

1 **all that is left of** …에게서 남은 것
Soon, all that was left of the Witch was a brown puddle and one
silver shoe. 곧 마녀에게서 남은 것은 밤색 물웅덩이와 은빛 구두 한 짝뿐이었다.

2 **as good as new** 새것과 마찬가지인
Soon the Tin Woodman was as good as new.
이내 양철 나무꾼은 새것과 마찬가지가 되었다.

"Now, let's go and tell Oz that the Wicked Witch is dead," said Dorothy.

Just then, she saw the golden cap.

She tried it on. It fitted her perfectly.

She didn't know about the power of the golden cap.

But it was very pretty, so she decided to wear it.

Then she and her friends started out for the Emerald City. Dorothy knew they must travel east, because the Emerald City was in the east. But they were soon lost.

"I wish we could find the Emerald City," said Dorothy. [1]

Suddenly, the Winged Monkeys appeared to grant Dorothy's wish.

And a moment later, Dorothy and her friends were flying through the air with the Monkeys.

Soon they saw the Emerald City below them.

The Monkeys set Dorothy and her friends down, and flew away.

---

□ try ... on …을 써(신어, 입어) 보다
□ start out for …을 향해 떠나다, 출발하다
□ travel 여행하다, 이동하다
□ appear 나타나다
□ grant one's wish …의 소원을 들어주다

---

1  **I wish** + 주어 + 과거형 조동사 + 동사원형 …가 ~라면 좋을 텐데
   I wish we could find the Emerald City.
   우리가 에메랄드 시를 찾을 수 있다면 좋을 텐데.

# Check-up Time!

● **WORDS**

다음의 단어에 해당되는 뜻을 찾아 연결하세요.

1  swing  ·                    ·  a.  휘두르다

2  lose  ·                     ·  b.  쓸다, 청소하다

3  shrink  ·                   ·  c.  잃다

4  sweep  ·                    ·  d.  오그라들다

5  melt  ·                     ·  e.  녹다; 녹이다

● **STRUCTURE**

괄호 안의 두 단어 중 알맞은 단어를 골라 문장을 완성하세요.

1  The straw will hide them ( after / from ) bees.

2  The Scarecrow caught the crow ( by / on ) the head.

3  Soon the Tin Woodman was ( so / as ) good as new.

4  I wish we ( can / could ) find the Emerald City.

이야기의 흐름에 맞게 순서를 정하세요.

a. Dorothy stumbled over the invisible iron bar.

b. The Wicked Witch gave a cry of fear and melted.

c. The Wicked Witch thought of a trick to steal Dorothy's shoes.

d. The Winged Monkeys carried Dorothy and the Lion to the Witch's castle.

(     ) → (     ) → (     ) → (     )

● SUMMARY

빈칸에 맞는 말을 골라 이야기를 완성하세요.

> The Wicked Witch called the Winged Monkeys and soon they (   ) Dorothy's friends. They smashed the Tin Woodman and pulled all the (   ) out of the Scarecrow. Dorothy worked for the Wicked Witch. Then she threw (   ) over the Witch and killed her. At last, Dorothy (   ) her friends.

a. rescued          b. straw

c. attacked        d. water

# The Journey Home
집으로 가는 길

Dorothy and her friends went to see Oz to claim their
rewards. The room was empty. Then they heard a voice.

"I am Oz," said the voice. "Why do you seek me?"

"We have come to claim our rewards," said Dorothy.
"The Wicked Witch is destroyed."

"Is the Wicked Witch really destroyed?" asked the voice.

"Yes," said Dorothy,

"I melted her with a bucket of water."

"That's a surprise!" said the voice. "I must have time
to think it over. Come back tomorrow."

The Lion roared loudly, "Give us our rewards now!"

Toto jumped in fright and tipped over a screen in
the corner. Everyone turned toward the corner.

They saw a little old man with a bald head and a
wrinkled face.

□ claim 요구하다, 청구하다
□ reward 상, 보상
□ seek 찾다
□ think ... over …을 숙고하다

□ tip over 넘어뜨리다
□ screen 가리개, 칸막이
□ bald 대머리의, 머리가 벗어진
□ wrinkled 주름진

The Tin Woodman raised his axe and cried, "Who are you?"

"I am Oz," said the old man. "Don't hit me, please."

"You don't look like a great wizard," said Dorothy.

"I'm not," said the old man. "I'm just an ordinary man."

Oz led them to a small room. ¹

There were all the disguises he used when he first met Dorothy and her friends.

"Does anyone else know you're not a wizard?" asked Dorothy.

"No," replied Oz. "I'm not from here. One day I went up in a balloon. I got lost and landed here. The people saw me come from the sky and thought I was a wizard. They asked me to rule them, so I ordered them to build ² this city."

---

□ raise 들어 올리다
□ ordinary 평범한, 보통의
□ disguise 변장 도구

□ balloon 기구, 풍선
□ rule 다스리다, 통치하다
□ build 짓다, 세우다, 건설하다

---

1  **lead＋목적어(A)＋to＋장소(B)**  A를 B로 데리고 가다 (이끌다)
   Oz led them to a small room. 오즈는 그들을 어느 작은 방으로 데리고 갔다.

2  **order＋목적어(A)＋to＋동사원형(B)**  A에게 B하라고 명령하다
   So I ordered them to build this city.
   그래서 나는 그들에게 이 도시를 지으라고 명령했어.

"I've ruled well," continued Oz. "Only the Wicked Witches frightened me. I was happy when I heard that your house had killed one of them. And I wanted the other one destroyed too. But I don't think I can keep the promises ..."

"You are a very bad man!" shouted Dorothy and her friends.

"But you don't need those rewards," said Oz.
"Scarecrow, you are already full of ideas. And Lion,
you are very brave. You just lack confidence. Tin
Woodman, a heart only makes people unhappy.
You're lucky not to have one." [1]

"We want what you promised us!" shouted the three
friends.

"Very well," said Oz. "I will give you what you want
tomorrow."

"But how will I get back to Kansas?" said Dorothy.

"Give me a couple of days to think about it," said Oz.

---

☐ frighten 두려워 떨게 하다
☐ keep the promise 약속을 지키다
☐ lack …을 필요로 하다, …가 결핍되다

☐ confidence 자신감, 확신
☐ promise A B A에게 B를 약속하다
☐ a couple of days 이삼 일

---

1 **lucky not to** + 동사원형 …하지 않으니 운이 좋은
You're lucky not to have one. 너는 그것을 가지고 있지 않으니 운이 좋은 거야.

---

Mini-Less✸n

See p.97

**과거보다 더 과거: had + 과거분사형 동사**
과거의 시점을 기준으로 그 이전에 있었던 일을 표현할 때는 '…했었다'라는 뜻의
「had + 과거분사형 동사」를 써요.

- I was happy when I heard that your house had killed one of them.
  나는 네 집이 그들 중 한 명을 죽였다는 말을 듣고 기뻤어.
- When Tom reached the station, his train had already left.
  톰이 역에 도착했을 때, 그가 탈 기차는 이미 떠나 버린 뒤였다.

Next day, the Scarecrow, the Tin Woodman, and the Lion went to see Oz.

Oz put a handful of pins inside the Scarecrow's head.

"Now your mind will be as sharp as a pin," said Oz. [1]

Then, he cut a small square hole in the Tin Woodman's chest.

He put a soft heart-shaped cushion inside.

"It's a very gentle heart," said Oz, as he glued the square of tin back in place.

"Come, Lion," said Oz.

He poured the green water from a bottle into a dish.

"Drink this. Once it is inside you, it will awaken your [2] courage."

---

□ a handful of 한 움큼의〔주먹의〕
□ mind 머리, 정신, 지력, 지성
□ square (정)사각형의
□ chest 가슴
□ heart-shaped 심장 모양의

□ glue 붙이다
□ in place 본래 있어야 할 곳에
□ pour A into B A를 B에 붓다
□ drink 마시다 (drink-drank-drunk)
□ awaken 불러 일으키다

---

[1] **as sharp as a pin** (머리가) 날카롭고 예리한
Now your mind will be as sharp as a pin.
이제 너의 머리는 날카롭고 예리할 거야.

[2] **once + 주어 + 동사** 일단 …가 ~하면〔하자마자〕
Once it is inside you, it will awaken your courage.
일단 이것이 너의 몸에 들어가면, 너의 용기를 불러 일으킬 거야.

The Lion drank it all.

"Now I am full of courage," roared the Lion.

"It was easy to make those three happy," thought Oz.

"But I can't trick Dorothy. How will I carry her back to Kansas? Hmmm! That's a real problem!"

 오즈가 허수아비에게 준 것은?

a. 한 움큼의 핀
b. 심장 모양의 쿠션
c. 초록색 물　　정답은 b

That night, Oz had a great idea.

The next day, he led Dorothy outside.

"I mended my balloon," he said. "I will take you to Kansas in it."

Oz got into the basket and lit a fire.

Hot air swelled the balloon.

Oz called down to his people in a loud voice.

"I am going away now to see a friend. The wise Scarecrow will rule over you while I am gone."

"Goodbye!" shouted everyone.

"Come, Dorothy!" cried Oz.

"But I can't find Toto anywhere," replied Dorothy. "I can't leave him behind."

Finally, she found Toto and ran back to the balloon.

But it was already rising into the air.

"Come back!" she called.

"I can't come back," cried Oz.

And that was the last any of them ever saw of Oz, the Wonderful Wizard.

□ mend 고치다, 수리하다
□ basket 기구에 매달린 바구니 모양의 객실
□ light a fire 불을 붙이다 (light-lit-lit)
□ swell 부풀게 하다
□ call down to 아래쪽의 …에게 소리치다
□ rule over …을 다스리다
□ leave ... behind …을 두고 가다
□ rise 솟아오르다

□ sob 흐느끼다
□ wish for + 목적어(A) + to +
　동사원형(B) A가 B하기를 바라다
□ suggest 말을 꺼내다, 제안하다
□ south 남쪽
□ palace 궁전; 큰 저택
□ Good luck! 행운을 빕니다!

"Now I'll never get home to Kansas," sobbed Dorothy.

"Wish for the Winged Monkeys to take you there," said the Scarecrow.

"Of course!" said Dorothy joyfully.

She put on the golden cap and called the Winged Monkeys.

"We can't leave this land," they said, and they flew away.

"Is there no one who can help me?" asked Dorothy.

"Glinda might help," suggested the green soldier.

"Who is Glinda?" asked the Scarecrow.

"She's the Good Witch of the South," said the soldier. "She is the most powerful of all the Witches." [1]

"The Winged Monkeys will take us there," said the Scarecrow.

Dorothy called for the Monkeys again. The Monkeys flew with Dorothy and her friends to Glinda's palace.

"You may not call us again," said the Monkeys. "Good luck!"

---

1 **the most + 형용사 + of** …중 가장 ～한
She is the most powerful of all the Witches.
그녀는 모든 마녀들 중 가장 힘이 세지.

Glinda was a beautiful young witch.

"What can I do for you?" she asked kindly.

Dorothy told the Witch about her adventures with her friends.

"Now I just want to get home to Kansas," she said.

"I'm sure I can help you," said Glinda. "But I'll need the golden cap."

"Of course!" said Dorothy.

Dorothy gave Glinda the golden cap.

"What will you do when Dorothy leaves us?" said Glinda to the others.

"I will rule over the Emerald City," said the Scarecrow.

"I will live with the Winkies," said the Tin Woodman.

"I know of a forest where I may rule happily," said the Lion.

"I'll ask the Monkeys to carry each of you to your destination," said Glinda.

"You are so kind!" said Dorothy. "But how will I get back to Kansas?"

---

□ adventure 모험, 희한한 일, 모험담
□ be sure (that)절 …라고 확신하다
□ know of …에 대해 들어서 알다
□ destination 목적지

"Your silver shoes will take you," said Glinda.
"Just knock the heels together three times and say
where you want to go."
Dorothy kissed her friends goodbye.
Then she took Toto in her arms, and knocked the
heels of her shoes together three times.
"Take me home to Kansas!" she said.
Instantly she was flying through the air.
Then she dropped gently onto the grass of the Kansas
prairie. She saw a new farmhouse, and Uncle Henry
with the cows.
Dorothy stood up and looked down at her feet.
The silver shoes were gone.
Aunt Em came out of the house.
She saw Dorothy running toward her.
"My darling child!" cried Aunt Em. "Where have you
been?"
"In the Land of Oz," said Dorothy. "And I'm so glad
to be home!"

---

□ knock ... together ···을 서로 부딪뜨리다  □ instantly 순식간에, 즉시
□ heel (구두 · 발의) 뒤꿈치  □ farmhouse 농장 안의 본체, 농가
□ kiss ... goodbye ···에게 작별 키스를 하다  □ be gone 사라지다

 **Check-up Time!**

● **WORDS**

빈칸에 알맞은 단어를 보기에서 골라 써넣으세요.

| chest | disguises | adventures | screen |
|---|---|---|---|

**1** Toto tipped over a _____ in the corner.

**2** There were all the _____ he used in the room.

**3** Oz cut a hole in the Tin Woodman's _____.

**4** Dorothy told Glinda about her _____ with her friends.


● **STRUCTURE**

빈칸에 알맞은 단어를 골라 문장을 완성하세요.

**1** Your mind will be _____ sharp as a pin.

   a. so       b. as       c. very

**2** Glinda is the _____ powerful of all the Witches.

   a. most     b. very      c. best

**3** Oz led Dorothy and her friends _____ a small room.

   a. for       b. of        c. to

본문의 내용과 일치하면 T, 일치하지 않으면 F에 표시하세요.

1  Glinda ordered people to build the Emerald City.  ☐T ☐F

2  The Lion drank the green water in a dish.  ☐T ☐F

3  Dorothy knocked the heels of her shoes together
   three times.  ☐T ☐F

4  The Scarecrow will live with the Winkies.  ☐T ☐F

● SUMMARY

빈칸에 맞는 말을 골라 이야기를 완성하세요.

Dorothy and her friends went to see Oz to (     ) their rewards. Oz was not a great wizard, but he (     ) the wishes of the Tin Woodman, the Scarecrow, and the Lion. Then he mended his (     ) to keep his promise to Dorothy, but he flew away without her. Dorothy got back home to (     ) with the help of her magic shoes.

a. granted          b. Kansas

c. claim            d. balloon

# After
# the Story

**Reading X-File** 이야기가 있는 구문 독해
**Listening X-File** 공개 리스닝 비밀 파일
**Story in Korean** 우리 글로 다시 읽기

# She put on the silver shoes.

그녀는 은빛 구두를 신었다.

★　★　★

회오리바람에 휩쓸려 먼치킨의 나라에 떨어진 도로시는 자신의 집에 마녀가 깔려 죽었다는 것을 알고 깜짝 놀랍니다. 그러나 못된 마녀를 물리쳤다며 착한 북쪽 마녀로부터 은빛 구두를 선물 받게 되는데요, 도로시가 이 구두를 신는 장면에서 put on이라는 표현이 쓰였어요. 이는 '…을 신다(쓰다, 입다)'라는 뜻으로 신는(쓰는, 입는) 동작에 중점을 둔 표현이랍니다. 신고(쓰고, 입고) 있는 상태에 중점을 둘 경우에는 wear가 쓰인다는 것도 더불어 알아 두세요. 그럼 착한 마녀와 도로시의 대화로 두 표현의 쓰임을 다시 볼까요?

Good Witch

You wear the silver shoes.
Put on this white hat and you will look great.

넌 은빛 구두를 신고 있구나.
이 하얀색 모자를 쓰면 멋져 보일 거야.

Dorothy

Oh, it fits me perfectly.
Now I look like a witch.

아, 이게 저한테 딱 맞네요.
이제 제가 마녀처럼 보여요.

# I will fight them as long as I am alive.

내가 살아 있는 한 저들과 싸우겠어.

★ ★ ★

오즈의 마법사를 찾아 노란색 벽돌 길을 따라가던 도로시 일행은 길을 가로질러 흐르는 도랑 때문에 난감해집니다. 다행히 양철 나무꾼의 도움으로 다리를 만들어 길을 건너려는데 이번에는 무시무시한 괴물이 나타나죠. 겁쟁이인 줄로만 알았던 사자가 일행을 구하려고 나서면서 위와 같이 말합니다. '…가 ~하는 한〔~하기만 하면〕'이라는 뜻의 as long as + 주어 + 동사를 써서 말이죠. 그럼 이 표현을 도로시와 사자의 대화로 다시 한번 익혀 볼까요?

Dorothy

There are lots of wild beasts in the forest.
Are you sure you will be okay there?

숲에는 사나운 짐승들이 많아.
네가 그곳에서 잘 지낼 거라고 확신하니?

Lion

Don't worry about it.
They will follow me as long as I rule them well.

그것에 대해서는 걱정할 것 없어.
내가 잘 다스리기만 한다면 그들은 나를 따를 거야.

# He caught the crow by the head.

그는 까마귀의 머리를 잡았다.

★　★　★

못된 서쪽 마녀를 죽이라는 오즈의 요구에 따라 도로시 일행은 마녀를 찾아갑니다. 이에 마녀는 사나운 까마귀 떼를 보내 도로시 일행을 공격하지만, 허수아비가 날아오는 대왕 까마귀의 머리를 잡아 반격하지요. 이때의 상황을 묘사한 위 문장에 '…의 ~을 붙잡다'라는 뜻의 catch + 목적어 + 전치사 + the + 신체 부위라는 표현이 쓰였어요. 신체 부위 앞에 소유격이 아닌 the가 쓰였다는 점, 꼭 기억해 두세요. 그럼 허수아비와 사자의 대화로 다시 볼까요?

Scarecrow

You are stronger than the Winged Monkeys. Why didn't you fight against them?

넌 날개 달린 원숭이들보다 더 힘이 세잖아.
왜 그들에 맞서 싸우지 않았니?

Lion

They caught me by the legs, so I couldn't move.

원숭이들이 내 다리를 잡아서 움직일 수가 없었다고.

# I heard that your house had killed one of them.

나는 네 집이 그들 중 한 명을 죽였다는 말을 들었어.

★　★　★

위대한 마법사인 줄 알았던 오즈가 못된 마녀들을 두려워하는 평범한 사람에 불과했다는 사실이 밝혀집니다. 그는 도로시의 집에 못된 마녀들 중한 명이 깔려 죽었다는 소식을 듣고는 도로시에게 다른 못된 마녀도 죽이라고 했던 거지요. 이때의 상황을 묘사한 위 문장에서 과거(heard)보다더 과거에 일어난 일(had killed)을 나타내기 위해 '…했었다' 라는 뜻으로 had + 과거분사형 동사가 쓰였습니다. 그럼 이 표현을 허수아비와 양철 나무꾼의 대화로 다시 한번 익혀 볼까요?

I heard that Oz had given you a heart.
I am so happy for you!

나는 오즈가 너에게 심장을 주었다는 말을 들었어.
네가 잘되어서 나도 너무나 기뻐!

Scarecrow

Thank you. I have the heart, so I can love.

고마워. 나도 마음이 있으니 사랑할 수 있어.

Tin Woodman

## 01 연결해야 멋진 발음!

앞 단어의 끝자음은 뒷 단어의 첫 모음과 연결해서 발음하세요.

오즈의 마법사, Wizard of Oz를 어떻게 발음할까요? 혹시 [위저드 오브 오즈]라고 단어마다 끊어서 발음하나요? 아니에요. Wizard의 d와 of의 o가 연결되고, 다시 of의 f와 Oz의 O가 연결되어 [위저도보즈]라고 발음한답니다. 이렇게 앞 단어의 끝자음과 뒷 단어의 첫 모음이 이어지는 것을 연음현상이라고 해요. 멋진 발음이 되려면 연음이 되어야 한다는 사실, 잊지 마세요! 그럼 이런 예를 본문 21쪽과 34쪽에서 찾아볼까요?

She saw a (   ①   ) strange people coming toward her.

① **group of** 자음 [ㅍ]와 모음 [오]가 이어져 [그루포브]로 발음되었어요.

"Come (   ②   )," said the Scarecrow.

② **with us** [위드 어스]는 딱딱하게 들려요. [위더스]로 연결해서 발음하세요.

## 02 촉촉하게 츄~

t와 y가 만나면 [ㅊ]로 발음하세요.

츄

t 다음에 y가 오는 경우에는 t를 [ㅌ]가 아닌 [ㅊ]로 발음 한답니다. 이런 예를 don't you에서 볼 수 있어요. [돈ㅌ] 와 [유]를 이어서 발음하면 [돈튜]가 되어 발음하기가 쉽지 않아요. 따라서 보다 편하게 발음하기 위해서 [ㅌ]를 [ㅊ] 로 바꾸고 [유]를 이어서 [돈츄]로 발음한답니다. 더 찾아 볼까요? can't you, what you도 모두 이렇게 소리난답 니다. 그럼 본문 29쪽과 79쪽에서 이 발음들을 다시 한번 확인해 보세요.

"( ① ) get down?" asked Dorothy.

① **Can't you** [캔츄]로 발음되었죠? t가 y를 만나 [ㅌ]가 아닌 [ㅊ]가 되었어요.

"I will give you ( ② ) want tomorrow."

② **what you** 이제부터는 [와튜]가 아니라 [와츄]로 발음해 보세요.

## 03 휘슬이 아니라 위슬을 불어요.

wh로 시작되는 단어는 대부분 h를 발음하지 않아요.

wh로 시작되는 단어는 h를 발음하지 않는 경우가 많아요. whistle, whisper도 바로 이런 예랍니다. 이런 현상은 미국식 영어에서 특히 두드러지는데요, whistle의 경우 먼저 w의 [우]를 입술을 동그랗게 모아 앞으로 내밀어 발음한 상태에서 뒤에 나오는 모음 i의 [이]를 바로 연결해서 [위]로 발음한답니다. h의 [ㅎ]는 발음하지 않아요. 그동안 휘슬을 불었다면 이제부터는 위슬을 불어 보세요. 그럼 이런 예를 본문 50쪽에서 함께 살펴봐요.

The Lion (        ), "Please give me c-c-courage
so I may truly be the King of Beasts."

**whispered** wh로 시작하는 단어예요.
[휘스퍼드]가 아니라 [ㅎ] 발음을 생략한
[위스퍼드]로 발음해 보세요.

## 04 한 번으로 오케이!

같거나 비슷한 소리가 연속해서 나오면 한 번만 발음하세요.

'그럴 것 같아.' 라는 뜻의 I guess so, 어떻게 발음할까요? [아이 게 스 소]일 것 같지만 원어민은 [아이게소]로 발음한 답니다. guess의 s와 so의 s가 중복되기 때문에 한 번만 발음한 거예요. build this를 발음할 때도 마찬가지랍니 다. build의 d와 this의 th는 철자는 다르지만 발음이 [d] 와 [ð]로 비슷하기 때문에 단어의 끝소리인 [d]는 발음하 지 않고 뒷 단어의 첫소리인 [ð]만 발음해서 [빌디시]가 되 었어요. 그럼 이런 예를 본문 67쪽에서 확인해 볼까요?

The Witch gave a cry (          ), and began to shrink.

**of fear** of의 f와 fear의 f가 같은 자음으로 중복되네요. 자연스 럽게 발음하기 위해서는 위에서 설명한 것처럼 f를 한 번만 발음하 여 [오휘어]라고 해 주세요.

1장 | 회오리바람

**p.16~17** 도로시는 캔자스의 한 농장에서 헨리 삼촌과
엠 숙모와 함께 살았다. 그녀의 작은 개 토토가 도로시의
유일한 친구였다. 둘은 온종일 함께 놀았다.

어느 날, 헨리 삼촌과 도로시가 집 밖에 있을 때 하
늘이 어두워지고 바람이 점점 더 거세졌다.

"회오리바람이 다가오고 있어!" 헨리 삼촌이 외쳤다.

그런 다음 삼촌은 소들과 말들을 보살피러 뛰어갔다.

"빨리! 지하실로 들어가!" 엠 숙모가 소리쳤다.

도로시는 토토를 안아 들고 집으로 뛰어 들어갔다.
하지만 토토가 도로시의 품에서 뛰쳐나와 침대 밑에 숨었다.

"이리와, 토토." 도로시가 부르짖었다.

도로시는 토토를 잡으러 뛰어갔다. 집 안 바닥에는 지하실로 내려가는 문이 있었
다. 엠 숙모는 그 문을 열고 재빨리 사다리를 타고 내려갔다.

**p.18~19** 갑자기 폭풍이 덮쳤다. 집 전체가 흔들렸고 도로시는 바닥에 넘어졌다. 집
이 양옆으로 심하게 덜컹거렸다. 그러다가 집이 천천히 빙글빙글 돌기 시작했다. 회오
리바람이 집을 공중으로 들어 올린 것이다.

도로시는 공포로 몸을 떨었다. 토토는 겁에 질려 방안을 뛰어다녔다. 토토는 계속
짖어댔다. 그러다가 토토가 열려 있는 지하실 문으로 빠지고 말았다. 하지만 곧 도로
시는 토토의 한쪽 귀가 문 사이로 튀어나온 것을 보았다. 강한 공기가 토토를 위로 받
쳐 떨어지지 않도록 한 것이다. 도로시는 토토를 방 안으로 끌어당기고 지하실 문을
닫았다.

집은 계속해서 하늘로 빙빙 돌았다. 몇 시간이 흘렀지만 끔찍한 일은 일어나지 않았
다. 도로시는 걱정을 멈추고 침착하게 기다려 보기로 작정했다. 도로시와 토토는 침대
에 누워 있다가 잠이 들었다.

**p.20~21** 낮게 쿵 하는 소리와 함께 집이 땅에 닿자 도로시는 잠에서 깼다. 도로시는
문으로 뛰어가 밖을 내다보았다. 이상하면서도 아름다운 시골 풍경이 눈에 들어왔다.

초록색 밭과 꽃과 과일나무로 가득한 곳이었다. 건조한 캔자스의 초원과는 매우 달랐다. 도로시는 밖으로 나갔다가 놀라서 주위를 둘러보았다.

"이제 우리가 캔자스에 있는 게 아닌가 봐, 토토." 도로시가 말했다.

도로시는 이상한 사람들의 무리가 자신을 향해 다가오는 것을 보았다. 남자 세 명과 나이 많은 여자 한 명이었다. 모두들 동그랗고 뾰족한 모자를 쓰고 있었다. 남자들은 파란 모자에 파란 옷 차림이었지만, 여자는 하얀 모자에 하얀 가운을 입고 있었다. 그 가운에는 작은 별무늬들이 흩뿌려져 있었다.

`p.22~23`  여자가 도로시에게 걸어와 공손히 인사했다.

"먼치킨들의 나라에 오신 것을 환영합니다. 당신이 못된 동쪽 마녀를 죽이고 우리를 자유의 몸이 되게 하셨습니다." 여자가 상냥한 목소리로 말했다.

"무슨 말씀이세요?" 도로시가 어리둥절하여 물었다. "저는 누구도 죽인 적이 없어요."

"사실은 당신 집이 죽인 셈이죠. 보세요!" 나이 많은 여자가 말했다.

그녀는 집 모퉁이 쪽을 가리켰다. 도로시는 놀라서 작게 소리를 질렀다. 두 발이 집 모퉁이 밑에 튀어나와 있었다. 두 발에는 은빛 구두가 신겨져 있었다. 그들이 바라보고 있는 동안 죽은 마녀의 발이 사라졌다. 은빛 구두 이외에 아무것도 남지 않았다.

`p.24~25`  "오, 맙소사!" 도로시가 당황하여 외쳤다. "그런데… 부인께서는 누구세요?"

"나는 착한 북쪽 마녀예요. 은빛 구두는 마법의 구두예요. 그리고 이제 당신 거랍니다." 여자가 말했다.

그녀는 도로시에게 구두를 주었다. 도로시는 구두를 받았다.

"감사합니다. 이제, 제가 캔자스에 있는 집으로 돌아갈 수 있도록 도와주시겠어요?" 도로시가 말했다.

"아뇨, 저는 못합니다. 에메랄드 시로 가세요. 오즈의 마법사라면 당신을 도와 줄 거예요." 착한 마녀가 말했다.

착한 마녀는 도로시의 이마에 부드럽게 키스했다.

"내 키스가 당신을 안전하게 지켜 줄 거예요." 착한 마녀가 말했다.

"에메랄드 시에는 어떻게 가죠?" 도로시가 물었다.

"노란색 벽돌 길을 따라가기만 하면 됩니다. 잘 가세요, 소녀님." 착한 마녀가 말했다.

`p.28~29`   도로시는 찬장에서 빵을 꺼내 작은 바구니에 채워 넣었다. 그런 다음 은빛 구두를 신었다. 구두는 도로시의 발에 딱 맞았다.

"가자, 토토." 도로시가 말했다.

그리고 둘은 노란색 벽돌 길을 따라 걷기 시작했다. 도로시가 어떤 밭을 지날 때 허수아비가 도로시에게 윙크했다.

"안녕?" 허수아비가 말했다.

도로시는 허수아비가 말하는 것을 듣고 깜짝 놀랐다.

"음, 난 좋아." 도로시가 공손히 대답했다. "너는 어때?"

"나는 지루해. 이 장대에 매달려 있는 건 아무 재미가 없거든." 허수아비가 말했다.

"내려올 수는 없어?" 도로시가 물었다.

"못해." 허수아비가 말했다. "하지만 만약 네가 날 도와 준다면…"

`p.30~31`   도로시는 팔을 위로 뻗어 허수아비를 장대에서 내려 주었다.

"고마워. 너는 누구고 어디로 가고 있니?" 허수아비가 말했다.

"나는 도로시야. 나는 에메랄드 시로 가고 있어. 오즈의 마법사에게 집으로 보내 달라고 부탁하고 싶어서." 도로시가 말했다.

"오즈의 마법사가 누구야?" 허수아비가 물었다.

"넌 모르니?" 도로시가 놀라서 물었다.

"나는 아무것도 아는 게 없어. 난 뇌가 없거든." 허수아비가 서글프게 말했다.

"저런. 그것 참 안됐구나." 도로시가 말했다.

허수아비가 말했다. "만약 내가 너와 함께 에메랄드 시로 가면 오즈가 나에게 뇌를 좀 줄까?"

"나와 함께 가서 그에게 부탁해 봐." 도로시가 말했다.

그들은 함께 에메랄드 시를 향해 걷기 시작했다. 얼마 안 가 그들은 거대한 숲에 다다랐다. 그때 도로시 귀에 신음 소리가 들렸다. 도로시와 허수아비는 놀라서 걸음을 멈췄다.

`p.32~33`   양철로 만들어진 남자가 커다란 나무 옆에 서 있었다. 남자는 머리 위로 도끼를 쥔 채 있었다.

"네가 신음 소리를 냈니?" 도로시가 물었다.

"그래." 양철 나무꾼이 슬픈 목소리로 대답했다.

"내가 도와줄 일이라도 있니?" 도로시가 물었다.

"내 옆에 기름통이 있어." 그가 말했다. "부탁이야, 내 관절에 기름을 칠해 줘. 녹슬어서 움직일 수가 없어."

도로시는 기름통을 집어 들었다. 도로시는 양철 나무꾼의 목과 양쪽 팔꿈치와 양쪽 무릎에 기름을 칠해 주었다. 양철 나무꾼은 기쁨의 한숨을 내쉬며 도끼를 내렸다.

"고마워. 너희는 왜 숲에 있는 거니?" 양철 나무꾼이 말했다.

"우리는 오즈의 마법사를 만나러 가고 있어. 나는 집에 가고 싶고, 허수아비는 뇌를 얻고 싶대." 도로시가 말했다.

"오즈가 나에게 마음을 줄 수 있을까?" 양철 나무꾼이 물었다.

"그럴 것 같은데. 우리와 함께 가자." 도로시가 대답했다.

**p.34~35** 군데군데 숲이 몹시 울창했다. 그래서 양철 나무꾼은 길을 내려고 나무를 베었다. 갑자기 거대한 사자 한 마리가 길로 뛰어들어 왔다. 작은 토토가 짖어대면서 사자를 향해 달려들었다. 사자는 토토를 물려고 입을 벌렸다. 도로시가 앞으로 달려가 사자의 코를 때렸다.

"토토를 물지 마!" 도로시가 외쳤다.

"안 물었어." 사자가 말했다.

사자는 앞발로 코를 문질렀다.

"그러려고 했잖아. 어떻게 너처럼 거대한 짐승이 불쌍하고 작은 개를 물 수 있어? 너는 겁쟁이야!" 도로시가 말했다.

"그건 나도 알아. 난 태어날 때부터 이랬어." 사자가 말했다.

사자는 꼬리 끝으로 눈에서 눈물을 훔쳤다.

"우리와 함께 가자. 우리는 위대한 오즈를 만나러 가는 중이야. 너에게 용기를 달라고 그에게 부탁하는 게 어때?" 허수아비가 말했다.

"그럴게. 고마워." 사자가 말했다.

**p.36~37**　도로시와 친구들은 계속 걸었는데, 그러다 양철 나무꾼이 딱정벌레를 밟았다. 이 일이 그를 몹시 슬프게 만들었다. 눈물이 그의 얼굴을 타고 흘러내렸다. 양철 나무꾼의 얼굴이 녹슬기 시작해서 도로시가 그 위에 기름을 쳐 주었다.

　얼마 지나지 않아 그들 앞에 길이 끊어지고 낭떠러지가 나타났다. 낭떠러지는 넓고 깊었다.

　"양철 나무꾼이 나무를 베어 넘어뜨리면 돼. 나무가 건너편 낭떠러지로 넘어져 걸쳐질 거고 그러면 걸어서 건널 수 있어." 허수아비가 말했다.

　양철 나무꾼이 커다란 나무를 베어 넘어뜨렸다. 마침내 나무가 건너편 낭떠러지로 넘어졌다. 도로시는 토토를 안아 들고 나무 몸통 위로 올라섰다.

　그런데 갑자기 크게 으르렁거리는 큰 소리가 들렸다! 거대한 괴수 두 마리가 그들을 향해 달려오고 있었다. 그 괴수는 몸이 곰을 닮았고, 머리가 호랑이를 닮았다.

**p.38~39**　"칼리다야! 우리를 갈기갈기 찢어 놓을 거야." 사자가 말했다.

　"서둘러! 어서 가자." 허수아비가 외쳤다.

　도로시는 재빨리 나무를 걸어서 건넜다. 양철 나무꾼이 그 뒤를 따랐고 다음엔 허수아비가 건넜다. 사자가 마지막으로 나무를 건넌 후 돌아서서 괴수들이 다음엔 어떻게 하는지 지켜보았다.

　두 칼리다는 나무를 건너기 시작했다. 사자가 요란하게 으르렁거렸다. 하지만 칼리다는 멈추지 않았다.

　"내가 살아 있는 한 저들과 싸우겠어." 사자가 말했다.

　"기다려!" 허수아비가 외쳤다. "양철 나무꾼, 이 나무 끝을 잘라 내! 빨리!"

　양철 나무꾼이 나무를 계속 찍어댔다. 갑자기 나무가 우지끈하는 소리와 함께 낭떠러지로 떨어졌다. 칼리다도 나무와 함께 떨어졌다.

　도로시와 친구들은 가던 길로 걸음을 재촉했다. 곧 그들은 숲을 벗어났다.

### 3장 | 오즈의 마법사

**p.42~43**　얼마 후 도로시와 친구들은 선홍색 양귀비꽃 밭에 이르렀다.

　"꽃들이 아름답지 않아? 그리고 꽃… 냄새도 너무… 좋아…" 도로시가 말했다.

　도로시는 바닥으로 맥없이 쓰러져 깊이 잠들고 말았다. 토토도 도로시 옆에서 잠들었다.

"우리는… 여기서… 나가야 해." 사자가 하품하며 말했다. "이 꽃… 향기가… 우리를 죽이고 있어…"

"꽃 향기가 양철 나무꾼과 나는 해치지 못해. 뛰어! 도로시는 우리가 데리고 갈게." 허수아비가 말했다.

사자가 후다닥 달렸다. 양철 나무꾼과 허수아비는 도로시와 토토를 들어 올렸다. 그들은 계속해서 걸어갔다. 양귀비꽃 밭 끝에서 그들은 사자를 지나갔다. 사자는 깊이 잠들어 있었다.

그들은 도로시와 토토를 양귀비꽃이 없는 풀밭에 눕혔다. 그리고 사자에게로 되돌아가서 사자도 밖으로 끌어냈다.

**p.44~45** 얼마 후 도로시와 토토, 사자가 잠에서 깼다. 도로시와 친구들은 노란색 벽돌 길을 따라 계속 걸어갔다. 곧 그들은 하늘에서 초록색으로 타오르는 빛을 보았다.

"에메랄드 시가 틀림없어." 도로시가 말했다.

곧 그들은 에메랄드로 뒤덮인 거대한 문에 다다랐다. 도로시가 벨을 울리자 문이 천천히 열렸다. 초록색 옷을 입은 문지기가 그들 앞에 섰다.

"무슨 일로 오셨죠?" 문지기가 정중하게 물었다.

"우리는 오즈의 마법사를 만나러 왔어요." 도로시가 말했다.

"좋습니다. 하지만 우선 이 초록색 안경을 쓰셔야 합니다." 문지기가 말했다.

"왜요?" 도로시가 물었다.

"에메랄드 시가 너무 눈부시게 빛나서 안경을 쓰지 않으면 눈이 멀게 됩니다." 문지기가 말했다.

그들은 모두 안경을 썼다. 그러자 문지기가 그들을 궁전으로 데리고 갔다.

**p.46~47** 한 초록색 병사가 도로시에게 초록색 원피스를 입으라고 주었다. 그리고 그는 토토의 목에 초록색 리본을 매 주었다.

잠시 후, 그는 도로시를 넓은 방 안으로 안내했다. 방 한가운데에 커다란 왕좌가 있었다. 왕좌 위에는 몸도 팔도 다리도 없는 거대한 머리가 있었다.

"내가 오즈다. 무엇을 원하느냐?" 머리가 말했다.

"저는 집에 가고 싶어요." 도로시가 말했다.

머리의 눈이 생각에 잠긴 듯 잠시 도로시를 쳐다보았다.

"그 은빛 구두는 어디서 났느냐?" 머리가 말했다.

"못된 동쪽 마녀에게서요. 우리 집이 마녀 위로 떨어졌거든요." 도로시가 말했다.

"집에 가고 싶다면 네가 나를 위해 해 줘야 할 일이 있다." 머리가 말했다.

"그게 뭔데요?" 도로시가 초조하게 물었다.

"못된 서쪽 마녀를 죽여라!" 오즈가 말했다.

"아뇨! 난 못해요!" 도로시가 소리쳤다.

"그 은빛 구두가 마녀를 죽이는 데 도움이 될 거다. 이제, 가거라!" 오즈가 말했다.

p.48~49   다음에는 허수아비가 오즈를 만나러 갔다. 초록색 날개를 가진 아름다운 여인이 왕좌에 앉아 있었다.

"내가 오즈다. 무엇을 원하느냐?" 여인이 상냥하게 말했다.

"제발 저에게 뇌를 주셔서 제가 현명한 사람이 되도록 해 주십시오." 허수아비가 말했다.

"좋다. 하지만 그 전에 네가 못된 서쪽 마녀를 죽여야 한다." 오즈가 말했다.

그리고 양철 나무꾼이 오즈를 만날 차례가 되었다. 무시무시하게 생긴 괴물이 왕좌에 앉아 있었다. 괴물은 눈이 다섯 개, 팔도 다섯 개, 다리도 다섯 개였다.

"내가 오즈다. 무엇을 원하느냐?" 괴물이 으르렁거렸다.

"제발 저에게 마음을 주셔서 제가 사랑할 수 있게 해 주세요." 양철 나무꾼이 말했다.

"먼저 너는 도로시를 도와 못된 마녀를 죽여야 한다." 괴물이 말했다.

p.50~51   사자가 방에 들어섰을 때에 왕좌 앞에 불덩어리가 있었다. 사자는 두려움에 부들부들 떨었다.

"내가 오즈다. 무엇을 원하느냐?" 불덩어리가 물었다.

사자가 기어드는 목소리로 말했다. "제발 저에게 요-요-용기를 주셔서 제가 진정한 동물의 왕이 되게 해 주세요."

"내게 못된 서쪽 마녀가 죽었다는 증거를 가져오너라. 그럼 내가 너를 도와주겠다." 불덩어리가 말했다.

사자는 친구들이 있는 곳으로 돌아갔다.

"이제 우린 어떻게 하지?" 도로시가 말했다.

"우리는 마녀를 죽일 수 없어." 허수아비가 말했다.

"하지만 시도는 해 볼 수 있지." 사자가 말했다.

그들은 성문으로 걸어갔다. 초록색 문지기가 일행에게서 안경을 걷었다.

"못된 서쪽 마녀는 어디 가야 찾을 수 있을까요?" 도로시가 물었다.

"서쪽에 있는 윙키들의 나라로 가세요. 그러면 마녀가 여러분을 먼저 찾을 겁니다." 문지기가 말했다.

그들은 문지기에게 작별 인사를 하고 서쪽으로 향했다.

## 4장 | 못된 서쪽 마녀

p.56~57   못된 서쪽 마녀는 눈이 하나밖에 없었다. 하지만 그 눈으로 아주 멀리까지 볼 수 있었다. 마녀는 도로시와 친구들이 자신의 나라에 도착하는 것을 보았다.

"내 땅에 웬 낯선 자들이지? 내 저것들을 없애 버리리라!" 마녀가 화가 나 소리쳤다.

마녀는 은빛 호루라기를 불었다. 마흔 마리의 커다란 늑대들이 마녀에게로 달려왔다.

"가서 저 침입자들을 갈기갈기 찢어 놓아라." 마녀가 말했다.

늑대들은 방향을 바꿔 도로시와 친구들에게로 달려갔다. 양철 나무꾼이 늑대들이 몰려오는 소리를 들었다.

"내가 해치울게." 양철 나무꾼이 친구들에게 말했다. "내 뒤에 있어!"

양철 나무꾼은 날카로운 도끼를 휘둘러 첫 번째 늑대의 머리를 베어 버렸다. 양철 나무꾼은 도끼를 마흔 번 휘둘렀다. 결국 늑대들이 모두 죽어 널브러졌다.

p.58~59 못된 마녀는 자신의 늑대들이 모두 죽어 널브러진 것을 보았다. 이로 인해 마녀는 전보다도 더 화가 나서 호루라기를 두 번 불었다. 마흔 마리의 사나운 까마귀들이 마녀에게로 날아왔다.

"저 침입자들을 갈기갈기 쪼아라!" 마녀가 외쳤다.

이번에는 허수아비가 다가오는 까마귀 떼를 보았다.

"내가 해치울게." 허수아비가 친구들에게 말했다. "내 옆에 엎드려, 그러면 너희들은 안전할 거야."

허수아비를 제외한 일행은 모두 바닥에 엎드렸다. 허수아비는 우뚝 서서 두 팔을 벌렸다. 대장 까마귀가 허수아비에게 날아들었다. 허수아비는 대장 까마귀의 머리를 잡았다. 허수아비가 까마귀의 목을 부러뜨리자 까마귀는 죽고 말았다. 허수아비는 까마귀의 목을 마흔 번 꺾었다. 결국 까마귀들이 모두 죽었다. 그런 다음 허수아비와 친구들은 여행을 계속했다.

p.60~61 못된 마녀는 자신의 까마귀들이 모두 죽어 무더기로 쌓여 있는 것을 보았다. 마녀는 분노로 끓어올라 자신의 은빛 호루라기를 세 번 불었다. 벌들이 떼 지어 마녀에게로 몰려왔다.

"저 침입자들을 쏘아 죽여라!" 마녀가 악을 썼다.

허수아비와 양철 나무꾼은 벌떼가 오는 것을 보았다.

"양철 나무꾼!" 허수아비가 말했다. "내 몸에서 짚을 빼내서 도로시와 토토와 사자 위에 뿌려 줘. 짚이 그들을 벌들 눈에 뜨이지 않게 해 줄 거야."

벌들이 왔을 때 공격할 것은 양철 나무꾼밖에 없었다. 하지만 벌들의 침은 양철 나무꾼의 딱딱한 몸에 맞아 부러져 버렸다. 침을 잃은 벌들은 살 수가 없기 때문에 모두들 죽었다. 그러자 도로시와 양철 나무꾼이 짚을 허수아비의 몸에 다시 넣어 주었다. 그런 다음 그들은 여행을 계속했다.

p.62~63 못된 마녀는 벌들이 죽은 것을 보고 화가 나 소리 질렀다. 마녀는 마법의 황금빛 모자를 집어 들었다. 모자의 주인은 날개 달린 원숭이들을 세 번 부를 수 있었다. 마녀는 이미 두 번 원숭이들을 불렀었다. 첫 번째는 마녀가 윙키들을 노예로 만들 때였다. 두 번째는 위대한 오즈에 맞서 싸울 때였다. 마녀는 마지막으로 한 번 날개 달린 원숭이들을 불렀다.

"가서 사자만 빼고 침입자들을 모두 처치해라. 사자는 노예로 삼을 테니 내게 데려 와." 마녀가 소리쳤다.

원숭이들이 도로시와 친구들에게로 날아갔다. 한 무리의 원숭이들이 양철 나무꾼을 날카로운 바위 위에 내동댕이쳐서 조각조각 부서뜨렸다. 몇몇 원숭이들은 허수아비 몸에서 짚을 모두 빼냈다. 다른 몇몇 원숭이들은 마녀의 성으로 끌고 가기 위해 사자를 꽁꽁 묶었다.

`p.64~65` 도로시는 토토를 안은 채 원숭이들이 자신의 친구들을 공격하는 것을 바라보았다. 도로시는 꼼짝도 할 수가 없었다. 도로시의 눈에 눈물이 차올랐다. 도로시는 곧 자신의 차례가 될 거라고 생각했다. 하지만 원숭이들은 도로시의 이마에 난 착한 마녀의 키스 자국을 보고는 도로시를 해치지 못했다. 원숭이들은 도로시와 토토를 조심스레 들어서 못된 마녀의 성으로 데려갔다.

못된 마녀는 도로시 발의 은빛 구두를 보았다. 마녀는 그 구두에 마법의 힘이 있다는 것을 알고 있었다. 마녀는 도로시를 부엌으로 데려갔다.

"항아리를 닦고 바닥을 청소해라." 마녀가 호통쳤다.

도로시는 일을 하기 시작했다. 마녀가 사자를 보러 갔고, 사자는 마녀를 향해 으르렁댔다.

"좋아. 네놈이 잠잠해질 때까지 먹이를 주지 않겠어." 마녀가 말했다.

"난 당신이 무섭지 않아. 나한테서 떨어져 있어, 그러지 않으면 너를 물어 버릴 테다." 사자가 말했다.

`p.66~67` 못된 마녀는 가지고 있던 힘을 거의 다 잃었다. 마녀의 벌들도 까마귀들도 늑대들도 모두 죽었고, 황금빛 모자의 힘도 모두 써 버렸다. 그래서 이제 마녀는 도로시의 은빛 구두를 탐냈다.

"저 구두를 훔쳐야겠어. 하지만 어떻게 그런다?" 마녀가 말했다.

결국 마녀는 묘책을 생각해 냈다. 마녀는 보이지 않는 쇠막대를 부엌 바닥 한가운데에 놓아 두었다. 도로시가 막대에 걸려 나동그라졌고 은빛 구두 한 짝이 벗겨졌다. 마녀는 그 구두를 주워 신었다.

"내 구두를 돌려줘요!" 도로시가 말했다.

"싫어!" 마녀가 말했다.

"당신은 못됐어요!" 도로시가 외쳤다.

도로시는 화가 난 나머지 양동이의 물을 마녀에게 끼얹었다. 마녀는 공포의 비명을 지르더니, 오그라들기 시작했다.

"네가 한 짓을 봐라! 내가 녹고 있잖아!" 마녀가 울부짖었다.

"정말 미안해요." 도로시가 말했다.

"물을 뿌리면 내가 죽는다는 것을 몰랐단 말이냐?" 마녀가 소리쳤다.

"물론 몰랐죠. 그걸 내가 어떻게 알았겠어요?" 도로시가 대답했다.

p.68~69 곧 마녀로부터 남은 것은 밤색 물웅덩이와 은빛 구두 한 짝뿐이었다. 도로시는 얼른 그 은빛 구두 한 짝을 다시 신고 사자를 풀어 주러 달려갔다.

도로시와 사자는 윙키들을 모두 불러 모았다. 윙키들은 모두 노란색 옷을 입고 있었다.

"여러분은 이제 자유의 몸입니다. 이제는 저희가 저희 친구들을 구하는 것을 도와주세요." 도로시가 말했다.

"물론입니다. 갑시다!" 기쁨에 겨운 윙키들이 외쳤다.

그들은 곧 양철 나무꾼을 발견했다. 양철 나무꾼은 찌그러지고 구부러져 있었다. 그들은 텅 빈 허수아비의 가여운 몸도 찾아냈다. 윙키들은 양철 나무꾼과 허수아비를 성으로 데려갔다.

그들은 연장을 가지고 일에 착수했고, 이내 양철 나무꾼은 새 것과 마찬가지가 되었다. 그들은 허수아비도 새 짚으로 채워 주었다. 허수아비는 그 어느 때보다 기분이 좋았다.

p.70~71 "자, 이제 오즈에게 가서 못된 마녀가 죽었다고 말하자." 도로시가 말했다.

바로 그때, 도로시는 황금빛 모자를 보았다. 도로시는 모자를 써 보았다. 모자는 도로시에게 딱 맞았다. 도로시는 황금빛 모자가 가진 힘에 대해서는 알지 못했다. 하지만 모자가 아주 예뻤기 때문에 그냥 쓰기로 했다. 그런 다음 도로시와 친구들은 에메랄드 시를 향해 출발했다.

도로시는 동쪽으로 가야 하는 것은 알고 있었다. 에메랄드 시가 동쪽에 있었기 때문이다. 하지만 그들은 곧 길을 잃고 말았다.

"에메랄드 시를 찾을 수 있다면 좋을 텐데." 도로시가 말했다.

갑자기 날개 달린 원숭이들이 도로시의 소원을 들어 주기 위해 나타났다. 잠시 후,

도로시와 친구들은 원숭이들과 함께 하늘을 가르며 날고 있었다. 곧 그들은 그들 아래로 에메랄드 시를 보았다. 원숭이들은 도로시와 친구들을 내려놓고 날아가 버렸다.

## 5장 | 집으로 가는 길

p.74~75  도로시와 친구들은 약속한 상을 요구하러 오즈에게 갔다. 방은 텅 비어 있었다. 그때 어떤 소리가 들렸다.

"내가 오즈다. 왜 나를 찾아왔느냐?" 목소리가 말했다.

"저희는 약속하신 상을 요구하러 왔어요. 못된 마녀는 죽었어요." 도로시가 말했다.

"못된 마녀가 정말로 죽었느냐?" 목소리가 물었다.

"그래요." 도로시가 말했다. "제가 양동이 물을 뿌려 녹여 버렸어요."

"그것 참 놀랍군!" 목소리가 말했다. "내게 생각할 시간이 필요하다. 내일 다시 오너라."

사자가 요란하게 으르렁거렸다. "지금 당장 우리에게 상을 내놔요!"

토토가 깜짝 놀라 뛰어오르다 구석에 있던 가리개를 넘어뜨렸다. 모두들 구석 쪽으로 고개를 돌렸다. 그들은 대머리에 주름진 얼굴을 한 작고 나이 든 남자를 보았다.

p.76~77  양철 나무꾼이 도끼를 들어 올리고 외쳤다. "너는 누구냐?"

"내가 오즈야. 나를 내려치지 마, 부탁이야." 늙은 남자가 말했다.

"당신은 위대한 마법사처럼 보이지 않는데요?" 도로시가 말했다.

"난 위대한 마법사가 아니니까. 난 그저 평범한 남자일 뿐이야." 늙은 남자가 말했다.

오즈는 그들을 작은 방으로 데리고 갔다. 거기에는 그가 도로시와 친구들을 처음 만났을 때 사용했던 온갖 변장 도구들이 있었다.

"당신이 마법사가 아니란 걸 아는 사람이 또 있나요?" 도로시가 물었다.

"없어." 오즈가 대답했다. "난 여기 사람이 아니야. 어느 날 난 기구를 타고 높이 올라갔지. 그러다 길을 잃었고 이곳에 착륙한 거야. 여기 사람들이 내가 하늘에서 내려오는 것을 보고 나를 마법사로 생각했어. 사람들이 내게 자신들을 다스려 달라고 부탁했고, 그래서 나는 그들에게 이 도시를 지으라고 명령했어."

p.78~79  "나는 잘 다스렸지." 오즈가 말을 이었다. "다만 못된 마녀들만이 내게 두려운 존재였어. 나는 네 집이 그들 중 한 명을 죽였다는 말을 듣고 기뻤어.

그리고 다른 한 명도 죽이고 싶었던 거야. 하지만 약속은 지킬 수 없을 것 같구나…"

"당신은 아주 나쁜 사람이에요!" 도로시와 친구들이 외쳤다.

"하지만 너희는 굳이 상이 필요 없어." 오즈가 말했다. "허수아비, 너는 이미 여러 가지 생각으로 가득해. 그리고 사자, 너는 아주 용감해. 그저 자신감이 부족할 뿐이야. 양철 나무꾼, 마음은 사람들을 불행하게 만들 뿐이야. 너는 마음이 없으니 운이 좋은 거야."

"우린 당신이 우리에게 약속했던 것을 원한다구요!" 세 친구가 외쳤다.

"알았다. 내일 너희가 원하는 것을 주도록 하마." 오즈가 말했다.

"그러면 저는 어떻게 캔자스로 돌아가죠?" 도로시가 물었다.

"거기에 대해서는 이삼 일 생각할 시간을 다오." 오즈가 말했다.

**p.80~81** 다음 날에 허수아비와 양철 나무꾼, 사자는 오즈를 만나러 갔다. 오즈는 허수아비의 머리 속에 핀을 한 움큼 넣어 주었다.

"이제 너의 머리는 날카롭고 예리할 거야." 오즈가 말했다.

그 다음에 오즈는 양철 나무꾼의 가슴에 작게 사각형으로 구멍을 냈다. 오즈는 심장 모양의 폭신폭신한 쿠션을 그 속에 넣어주었다.

"이건 아주 상냥한 마음이야." 오즈는 사각형 양철 조각을 다시 제자리에 붙이며 말했다.

"이리 와, 사자." 오즈가 말했다.

그리고 병에 든 초록색 물을 접시에 따랐다.

"이것을 마셔라. 일단 이것이 너의 몸에 들어가면, 너의 용기를 불러 일으킬 거야."

사자는 물을 모두 마셨다.

"이제 내 안에 용기가 가득 찼어." 사자가 으르렁거렸다.

'저 셋을 만족시키는 건 쉬웠어. 하지만 도로시는 속여 넘길 방도가 없단 말이야. 내가 어떻게 도로시를 캔자스로 돌려보낸다? 흐음! 정말 문제로군!' 오즈가 생각했다.

**p.82~83** 그날 밤에 오즈에게 놀라운 계획이 떠올랐다. 다음 날 오즈는 도로시를 데리고 바깥으로 나갔다.

"내가 타고 온 기구를 수선했다. 내가 너를 기구에 태워서 캔자스에 데려다 주마." 오즈가 말했다.

오즈는 기구에 달린 바구니에 타고는 불을 붙였다. 뜨거운 공기가 풍선을 부풀게 했다. 오즈는 아래쪽으로 그의 백성들에게 커다란 소리로 외쳤다.

"나는 지금 친구를 만나러 떠난다. 내가 없는 동안 지혜로운 허수아비가 너희를 다스릴 것이다."

"잘 가세요!" 모두가 외쳤다.

"어서 와라, 도로시!" 오즈가 소리쳤다.

"하지만 토토가 보이지 않아요. 토토를 두고 떠날 수는 없어요." 도로시가 대답했다.

마침내 도로시는 토토를 발견했고 기구로 달려갔다. 하지만 기구는 이미 공중으로 솟아오르고 있었다.

"돌아와요!" 도로시가 외쳤다.

"돌아 갈 수 없어." 오즈가 소리쳤다.

그리고 그들이 위대한 마법사 오즈를 본 것은 그것이 마지막이었다.

`p.84~85` "이제 나는 영원히 집에 돌아가지 못하게 되었어." 도로시가 흐느껴 울며 말했다.

"날개 달린 원숭이들을 불러 집에 데려다 달라고 부탁하자." 허수아비가 말했다.

"그러면 되겠구나!" 도로시가 기뻐하며 말했다.

도로시는 황금빛 모자를 쓰고 날개 달린 원숭이들을 불렀다.

"우리는 이 나라를 떠날 수 없습니다." 원숭이들은 이렇게 말하고 날아가 버렸다.

"나를 도와 줄 수 있는 사람은 아무도 없나요?" 도로시가 물었다.

"글린다가 도와 줄지도 몰라요." 초록색 병사가 일러 주었다.

"글린다가 누구예요?" 허수아비가 물었다.

"글린다는 착한 남쪽 마녀예요. 그녀는 모든 마녀들 중 가장 힘이 세요." 병사가 말했다.

"날개 달린 원숭이들이 우리를 그곳으로 데려다 줄 거야." 허수아비가 말했다.

도로시는 다시 원숭이들을 불렀다. 원숭이들은 도로시와 친구들을 데리고 글린다의 궁전으로 날아갔다.

"이제는 저희를 다시 부르실 수 없습니다. 행운을 빕니다!" 원숭이들이 말했다.

`p.86~87` 글린다는 아름답고 젊은 마녀였다.

"무슨 일로 왔지?" 글린다가 상냥하게 물었다.

도로시는 착한 마녀에게 자신이 친구들과 겪은 모험담을 들려 주었다.

"이제 저는 캔자스의 집으로 돌아가고 싶은 마음뿐이에요." 도로시가 말했다.

"내가 널 도와 줄 수 있고말고. 하지만 그 황금빛 모자가 필요하구나." 글린다가 말했다.

"물론이죠!" 도로시가 말했다.

도로시는 글린다에게 황금빛 모자를 건네주었다.

"도로시가 여기를 떠나고 나면 너희들은 뭘 할 거지?" 글린다가 도로시의 친구들에게 물었다.

"저는 에메랄드 시를 다스릴 거예요." 허수아비가 말했다.

"저는 윙키들과 함께 살 거예요." 양철 나무꾼이 말했다.

"저도 제가 행복하게 다스릴 만한 숲을 한 군데 알아요." 사자가 말했다.

"내가 원숭이들을 불러 너희들을 각자의 목적지로 데려다 주도록 하마." 글린다가 말했다.

"정말 친절하세요! 하지만 저는 어떻게 캔자스로 돌아가죠?" 도로시가 말했다.

p.88~89 "너의 은빛 구두가 데려다 줄 거야. 그저 발꿈치끼리 세 번 부딪뜨리고 나서 네가 가고 싶은 곳을 말하면 돼." 글린다가 말했다.

도로시는 친구들에게 작별 키스를 했다. 그리고 나서 토토를 품에 안고 구두의 발꿈치를 세 번 탁탁 부딪뜨렸다.

"나를 캔자스의 집으로 데려다 줘!" 도로시가 말했다.

순식간에 도로시는 바람을 가르며 날고 있었다. 그러다 캔자스 평원의 풀밭 위에 사뿐히 떨어졌다. 도로시는 새로 지은 농장 집과 소를 돌보는 헨리 삼촌을 보았다. 도로시는 일어서서 발을 내려다 보았다. 은빛 구두는 사라지고 없었다.

엠 숙모가 집에서 나왔다. 숙모는 자신을 향해 달려오는 도로시를 보았다.

"아이고, 얘야! 그동안 어디 있었던 거니?" 숙모가 외쳤다.

"오즈의 나라요." 도로시가 말했다. "그리고 집에 다시 오게 돼서 너무나 기뻐요!"